Catherine Bacos

RECITS et *ARCHIVES*
pour l'avenir

2021

Copyright © Catherine Bacos, 2022
Édition : BoD – Books on Demand, info@bod.fr
Impression : BoD – Books on Demand,
In de Tarpen 42, Norderstedt (Allemagne)
Impression à la demande
ISBN : 978-2-3224-4217-1
Dépôt légal : Juillet 2022

Avant-propos

Pour les survivants des camps de déportation la difficulté a été double : dompter les souvenirs des horreurs passées et parfois se sentir coupable d'avoir survécu. Beaucoup de ces rescapés ont choisi de se taire pendant des décennies. Durant mon enfance, il m'a fallu mener une véritable enquête pour découvrir ce que mon père avait réellement vécu pendant la guerre. C'est cette enquête que je décris en première partie. En seconde partie j'écris ce qu'il m'a raconté, beaucoup plus tard, sur les trois années 1943 1944 1945. Ces récits ont pris une force supplémentaire lorsque j'ai pu les inscrire dans des travaux d'historiens et les croiser avec les archives françaises et allemandes. Cette étude « au microscope » d'un parcours individuel permet la mise en évidence de faits que « l'histoire officielle » peut parfois éluder.

Deux réalités ont retenu plus particulièrement mon attention :
- ➢ Le rôle permanent, des miliciens français dans les arrestations, les tortures et les assassinats de résistants.
- ➢ La présence de déportés de tout le continent européen dans les camps de déportation et notamment la présence en grand nombre de déportés allemands.

L'étude du parcours singulier d'un résistant montre un individu banal pris dans la tourmente et qui fait avec détermination des choix courageux. Il n'y a pas de héros. Le mythe du héros-résistant est une invention du « roman national » créé par le gouvernement d'après-guerre. En 1945 la société française est divisée, atomisée, et le gouvernement de l'époque tente ainsi maladroitement de reconstruire une identité nationale.

Ce mythe du héros est pernicieux car il laisserait supposer qu'il y a les héros et les autres... Cette vision binaire de l'histoire est bien éloignée des réalités de la période.

Les récits et archives qui se mêlent nous montrent la simple réalité d'un individu fragilisé qui cherche des solutions et fait des choix avec détermination et courage pour refuser l'inacceptable.

*Pierre Jacquin
7 février 1921
27 août 2016*

1960 : Pierre Jacquin avec son épouse Jacqueline et leurs cinq enfants Elisabeth   Christine   Yves-Marie   Philippe   Catherine

L'ENQUETE

Le héros silencieux

Les difficiles lectures

Les souffrances du soleil d'été

Tous savoyards !

La Dordogne clef du mystère

Une étrange visite

Et si nous étions juifs ?

Dans les bras de la FNDIRP

Je n'en avais pas fini avec les camps allemands

Quand enfin la parole se libère

Le héros silencieux

Née en 1957 à Albertville en Savoie, j'étais la dernière enfant d'une fratrie de cinq. Mon père fut un port d'attache solide mais par intermittence et en silence. Il y avait quelque chose d'énigmatique chez ce Papa proche et lointain à la fois. Son attention pour moi se révélait au cours de nos nombreuses balades en montagne. Sa présence me rassurait et m'intriguait à la fois, très tôt j'ai ressenti du mystère et du secret chez ce papa sans que je puisse en identifier la cause.

Ma mère était un rare refuge lorsque mon père était plongé dans son silence hermétique. Nous étions très dissemblables : elle, beauté brune, œil sombre peau mate, nez pointu, toute en angle et cascade de rires sonores, moi timidement blonde, toute en courbes, regard inquiet, œil clair, peau à coups de soleil. Je devais bien ressembler un peu à mon père puisque j'étais si différente de ma mère, mais ressembler à une énigme est assez étrange et peu structurant. Ce père me rassurait par son calme et sa gentillesse et m'intriguait par ses silences. J'ai grandi avec beaucoup d'incompréhension, de nombreuses confusions et de multiples interrogations sur le passé de mon père. Il m'apparaissait tel un Sphinx aphasique, je n'osais questionner. Il m'impressionnait, ses silences me faisaient peur parfois sans raison. Il ne parlait jamais de lui, de ce qu'il ressentait. Sans doute était-il un héros mais je ne savais pas précisément de quoi, petite fille je l'ai souvent imaginé héros des montagnes … gentil yéti ou bouquetin royal …

Malgré une certaine froideur apparente, ce père savait être patient et bienveillant, il s'occupait de « sa petite dernière » avec gentillesse. L'été, lorsque « tous les autres » étaient partis randonner en montagne juste avant l'aube, lui me réveillait plus tard, au petit matin, et m'emmenait marcher à mon rythme de petite fille. Il m'apprit alors à observer, ne pas trop parler, et trouver mon rythme de marche en écoutant mes pulsations cardiaques. Marcher en écoutant mon cœur...j'avais du mal à comprendre. Il m'expliqua que lorsque j'aurai trouvé ce rythme de marche alors je pourrai aller au bout du monde. En silence je m'appliquais à rechercher ce rythme du bout du monde. Cela occupait nos longues promenades matinales. La pente était rude alors je cherchais et cherchais encore ce rythme où l'on n'est plus essoufflé, au bout du monde. Très vite je compris l'importance de l'orientation du versant que nous montions. L'ombre matinale et sa fraîcheur bienveillante furent mes alliées pour la conquête du bout du monde. Les paysages somptueux, les odeurs délicieuses nous accompagnaient dans ces balades alpines. Un papa-héros-silencieux me guidait me protégeait. Le bout du monde n'était plus très loin, la pente du sentier était toujours aussi raide, mes pulsations cardiaques tambourinaient dans ma tête, mes tempes transpiraient. Telle une petite mule je posais une à une mes grosses chaussures de marche sur le chemin caillouteux. Un papa-héros-silencieux me guidait me protégeait.

L'hiver, nos promenades à skis étaient tout aussi belles et silencieuses. A chaque sortie nous faisions ensemble une évaluation systématique de la neige, toujours au même endroit . Au début des années 60 l'équipement était rudimentaire : des skis trop grands récupérés de mes frères et d'improbables chaussures molles, mais qu'importe ! une fois de plus mon « papa héros de je ne sais trop quoi » allait me guider et me protéger. Si mes skis décelaient une neige trop glacée ou au contraire trop « soupe » je ronchonnais et mon père s'adaptait au rythme de mes craintes de petite fille. Mais lorsque nous convenions après les premiers contacts avec le sol que la neige était suffisamment ferme et moelleuse à la fois, nous nous élancions l'un derrière l'autre dans la pente. Même morphologie, même style. Nous dansions de larges boucles puis la vitesse s'accélérait. Face à la pente nous plongions avec délice dans les vallons. Toujours plus vite, le vent glisse sur les joues, les yeux larmoient un peu, les cuisses et les genoux avalent les bosses, les épaules vont chercher le vide face à la pente penchées en avant toujours et encore, les bras équilibrent l'ensemble, la joie augmente aussi rapidement que la vitesse, tout est lâché je n'ai aucune appréhension et ne risque rien puisqu' un papa-héros-silencieux me guide et me protège …

A cette époque je pensais que toutes les petites filles avaient un papa-héros-silencieux. Quelle ne fut pas ma surprise lorsque je découvris, quelques temps plus tard, chez mes copines, des papas-poules, loquaces, blagueurs, tendres, bavards. Mes neurones crurent d'abord à un court-circuit, puis j'ouvris les yeux lentement. Mon cœur se serrait ; du fond de ma solitude je découvris, chez mes amies, la silhouette stupéfiante de papas causeurs qui bavardaient longuement et exprimaient leurs opinions leurs émotions. Je commençais à entrevoir les failles du premier homme de ma vie.

Ces silences paternels n'étaient donc pas universels.

Plusieurs décennies me seront nécessaires pour détricoter ce mythe du « papa-héros-silencieux » et accéder à la connaissance de la simple réalité paternelle. Les souffrances subies pendant la seconde guerre mondiale, et plus particulièrement la déportation, ont constitué un traumatisme qui n'a pas été pris en charge, n'a pas été accompagné psychologiquement après la guerre. Les survivants des camps à leur retour ont commencé par se taire, car personne ne les écoutait, l'heure était à la reconstruction du pays. Pour mon père, sa jeune épouse a joué un rôle déterminant à ce moment-là : c'est elle qui a calmé ses hurlements et cauchemars nocturnes qui l'ont poursuivi pendant de très nombreuses années. C'est elle qui lui a apporté un cadre rassurant, des enfants et une raison de vivre.

1949 Jacqueline épouse de Pierre et leurs deux premiers enfants. Photo prise par Pierre.

Juste après la guerre, dans la sphère publique, il n'y avait personne pour écouter ces survivants, et de toute façon qui les auraient crus ? Et puis l'urgence était là : Dans une Europe dévastée il fallait trouver un travail, se loger, et élever des enfants qui arrivaient sans prévenir ; l'urgence était d'agir. Le traumatisme passé a été englouti pour plusieurs décennies dans un silence tenace.

Tous les enfants de rescapés des camps de déportation peuvent témoigner de ces silences énigmatiques qui ont accompagné leur enfance. Les enfants l'ignorent mais leurs parents torturés tentent sans doute d'oublier les douleurs du passé, la culpabilité d'avoir survécu, la crainte de ne pas être cru. Ces parents meurtris ont aussi probablement le souci de préserver leurs proches des récits d'horreur. Les enfants de survivants sont captifs de cette histoire que personne ne leur raconte mais qu'ils devinent dans une brume floue.

Tel un puzzle épuisant, il m'a fallu de longues années pour reconstituer cette histoire, son histoire douloureuse de la résistance et de la déportation. Ma recherche enfantine et inorganisée commença dans les livres.

Les difficiles lectures

Très jeune je suis allée lire en cachette les livres sur la déportation qui se trouvaient dans la bibliothèque de mon père. Un ouvrage en particulier attirait mon attention. Petit livre sobre, artisanal, sur papier vaguement jauni, imprimé en 1947, il contenait une compilation de nombreux témoignages brefs et précis de déportés des camps de Buchenwald et Dora. La souffrance des corps la torture des chairs. Ces descriptions de souffrances physiques étaient insoutenables. Chaque témoignage tenait en quelques lignes, une page maximum. Les faits de cette barbarie infligée et subie étaient décrits en détail, de manière très factuelle, sans émotion. Seul un matricule identifiait son auteur. Témoigner, ne rien oublier, ce petit livre contribuait, à sa manière, au devoir de mémoire. Malgré les larmes qui noyaient souvent mes yeux durant ces lectures répétées je trouvais là une réalité brute qui me permettait de comprendre l'innommable ...comprendre ce dont on ne peut pas parler.

Les souffrances du soleil d'été

Les étés de mon adolescence se passaient sous un soleil radieux dans les montagnes de Savoie. A l'occasion de ces très chaudes journées du mois d'août, mon père portait un short qui laissait voir sur sa cuisse gauche une violente cicatrice large, profonde, compliquée. Je savais qu'il s'agissait d'une trace de sa déportation mais n'osait pas lui en parler. Etonnant contraste pour moi : cette terrible cicatrice n'apparaissait qu'aux plus beaux jours de l'été. Je connaissais l'histoire de la cicatrice sous sa mâchoire : une incision faite au Revier *(infirmerie)* du camp de Dora dans des circonstances désastreuses. Mais le traumatisme de sa cuisse gauche gardera à jamais son secret pour moi. Une seule certitude la douleur et la violence sont imprimées à jamais dans ces chairs meurtries et mal réparées.

Au mois d'août, à 1850 m d'altitude, à treize heures, mon père écoutait les nouvelles diffusées par un poste radio beige, héros du moment. Nous n'avions pas le choix avec ma mère et mes frères, et écoutions, donc, nous aussi religieusement les informations radiophoniques. A travers les immenses baies vitrées du chalet les hautes montagnes superbes bleues et blanches nous protégeaient, les sapins d'un vert estival nous attendaient pour les jeux de l'après-midi. Mais l'heure était aux nouvelles...tout commençait par un bulletin de la météo marine. Mon père semblait y tenir. Je n'y comprenais rien et n'avais encore jamais mis les pieds sur un bateau. Mais j'aimais cette litanie insensée ...vent secteur sud force 3 à 5 beaufort *(le fromage ?)*, zone dépressionnaire mille huit hecto pascal se maintenant sur le sud de l'Irlande, *(qui est Pascal ? souvent dépressif ?)* , Viking, Dogger, German, Ouessant, le golfe de Gascogne...mer belle à peu agitée s'amplifiant agitée la nuit avec houle nord nord-ouest... tout ce charabia mystérieux me plaisait me mettait en joie, la voix féminine qui égrainait ces infos nautiques était douce modulée, chantante, rassurante. Tous ces mots inconnus prometteurs de vagues et de voyages m'enchantaient. Cette météo marine au cœur des montagnes était comme un salut amical au monde entier. J'appris beaucoup plus tard que mon père avant-guerre rêvait d'être pilote embarqué dans la Marine Nationale ...

Le 21 août 1968, au cœur des Alpes, j'ai onze ans, et le poste de radio, ce jour, diffuse un air de tragédie. PRAGUE est envahie meurtrie. Mon père et ma mère échangent quelques mots inquiets à voix basse. Et le poste de radio continue de plus belle Prague ceci Prague cela ... Je comprends que Prague c'est très important et c'est tragique. Il y a des fusils et des morts. Cette lourdeur de l'âme de mon père je la connais bien. Prague a sûrement un rapport avec la déportation mais quel est ce lien ?

Je le découvrirai beaucoup plus tard à l'âge adulte. Un compagnon de déportation tchèque ...

En attendant je repars dans la forêt toute proche finir une cabane et canaliser le ruisseau d'eau glacée qui nous enchante mon frère et moi. Mais j'ai le fantôme de Prague en bandoulière et je sais que je prendrai de ses nouvelles très bientôt après le message secret de la météo marine.

Il arrivait aussi fréquemment durant ces étés rayonnants de lumières alpines, que mon père m'affuble d'un drôle de petit nom. Il m'appelait « *mein lieber koukouchinsky* », cela arrivait sans prévenir et sans raison. Lorsqu'il me donnait ce surnom il y avait dans ses yeux de l'affection et de la désespérance à la fois. Pourquoi m'appelait-il ainsi ? En silence, je ressentais la grande affection et la détresse que mon père me témoignait lorsqu'il m'adressait ces quelques mots germano-russes énigmatiques. J'attendais en frémissant que ce « *mein lieber koukouchinsky* » s'éloigne. Là encore, beaucoup plus tard, j'appris que cette expression lui était adressée par un codétenu russe au Bunker de Dora lorsqu'il fut gravement blessé.

Au milieu de mes joies d'enfant dans cette montagne que j'aimais cet étrange surnom était pour moi une énigme. Une de plus … La souffrance de mon père était palpable et me faisait peur. Je finissais par partir en courant rejoindre la forêt aux odeurs délicieuses de résine. Fragile refuge…Le ruisseau et les rochers tout proches me protégeaient de ce surnom incompréhensible et effrayant.

Tous savoyards !

Toute mon enfance se déroule en Savoie. Je suis venue au monde au début de l'été 1957 dans une « *verte campagne* » aux pieds des montagnes à Albertville. Mon père, ingénieur EDF hydraulicien, avait la charge de la construction de l'usine souterraine hydroélectrique de La Bâthie à côté d'Albertville. Dans cette activité professionnelle se cachait la encore de lourds secrets mais je l'ignorais et du haut de mes quatre ans ce que j'aimais c'était la chanson de Guy Béart « *la petite est comme l'eau, elle est comme l'eau vive* » que fredonnait parfois mon paternel. Cette chanson illustrait le film « L'eau vive » qui racontait en 1958 les tourments liés à la captation des eaux de la Durance pour la construction du barrage de Serre-Ponçon.
L'hydroélectricité s'infiltre dans mon biberon ….

A Albertville se mêlent les eaux de l'Arly et de l'Isère. Cette petite ville de confluence est au pied de magnifiques montagnes, en 1957 mes parents font construire un petit chalet « *là-haut sur la montagne* » à 1850 m d'altitude au milieu de nulle part. Ce lieu désert et fabuleux deviendra plus tard la station huppée de Courchevel mais à l'époque, la route qui y accède n'est pas encore goudronnée, et les troupeaux de vaches nous enchantent. Les sept individus de notre drôle de famille, entassés ensemble dans la voiture paternelle, montent chaque week-end vers les sommets prometteurs. La route est sinueuse : « mal au cœur » et oreilles bouchées nous plongent dans un coma nauséeux, peu à peu nous gagnons en altitude, l'air se rafraichît. Soudain les premières neiges en hiver, les premiers glaciers en été nous ressuscitent. Les plus jeunes, dont je suis, sont excités de joie, vite !!! arriver, sortir de ce maudit véhicule et partir courir dans tous les sens au cœur de cette immensité montagnarde, versants ouverts ensoleillés sans limite ... liberté liberté chérie ...

Eté comme hiver ces montagnes de Savoie m'enchantent. Ces paysages sont à moi je les connais par cœur jusqu'aux moindres détails, les fleurs odorantes, les myrtilles délicieuses, les sommets et glaciers aux lumières changeantes, le vent qui siffle le long des parois rocheuses, les forêts rafraichissantes, les ravins vertigineux, les rochers chauffés au soleil. J'aime le bruit assourdissant des torrents, le cliquetis des ruisseaux. En hiver la neige est une substance magique qui révèle ses diamants bleus au soleil. Au printemps, j'adore écouter la rythmique enjouée des glaçons suspendus au toit, qui fondent en un goutte-à-goutte joyeux, les joues chauffent, le soleil est à son maximum.

Je tu il elle nous sommes savoyards. La photo de l'une de mes sœurs en costume traditionnel savoyard ne quitte jamais les murs de la maison. La coiffe portée par les femmes, en vallée de Tarentaise, appelée « frontière », évoque la proximité de l'Italie et n'a aucun secret pour moi, sa bordure dorée en forme de cœur sait charmer les petites filles ...
 Dans mon esprit d'enfant, mon identité savoyarde est une évidence.

L'été, mon père et moi allons régulièrement « *plus haut* » vers 2500 mètres, bavarder avec les bergers aux dents noires qui rigolent tout le temps et parlent un patois odorant. Je découvrirai beaucoup plus tard l'amitié tragiquement interrompue que mon père avait eu avec un jeune berger yougoslave au bunker du camp de Dora.

Dans les années 60, nos compagnons bergers savoyards sont joyeux : entre deux fou-rires ils font jaillir un sifflet énergique de leurs lèvres grillées par le soleil de haute altitude. Leurs chiens surgissent et effectuent un travail extraordinaire pour rassembler les centaines de bêtes. Les bergers rigolent et sifflent encore, les chiens répondent et s'activent en aboyant. Les dernières vaches égarées trahies par leur cloche sont vite ramenées au cœur de l'alpage. Les chiens sont contents, les bergers rigolent toujours et parlent avec mon père en une langue inconnue. L'échange entre mon père et les deux bergers est chaleureux, puissant attentionné : ils semblent se connaître depuis toujours.

Nos promenades continuent. Son altimètre dans la poche, mon paternel expose en quelques rares mots bien choisis les caractéristiques des dénivelés. Il évoque les grands alpinistes du passé. Il m'apprend la moraine glacière et les courbes de niveaux. Et puis bien sûr, en hiver, il m'apprend le ski. Ce père n'est pas un papa mais un professeur de Savoie.

Du haut de mes huit ans mon identité savoyarde est une évidence.

Mais un jour, patatras ..., je m'interroge sur mes grands-parents savoyards ... qui n'existent pas ! Mes grands-parents vivent tous les quatre à Besançon et pourtant nul doute dans mon esprit d'enfant : je suis savoyarde née dans la vallée. Les années passant, il va me falloir admettre que je n'ai aucune racine dans cette région que je croyais mienne. Mais alors que faisons-nous dans ces belles montagnes ? Qui ou quoi nous attache indéfectiblement à cette belle Savoie ? Petite fille, il me faudra du temps pour comprendre que ma naissance à Albertville est liée à l'activité professionnelle de mon père ingénieur hydraulicien à EDF en charge de la construction de l'usine hydroélectrique souterraine de La Bâthie, à côté d'Albertville. Les turbines reçoivent les eaux des barrages de Roselend, Saint Guérin et la Gittaz, superbes sites dans le Beaufortain. Les torrents d'eau sont amenés par une conduite forcée de 12 km entièrement souterraine creusée dans la montagne. Au cœur de l'enfance il va bien falloir que je fasse le deuil des grands parents savoyards et que je m'accommode d'une filiation avec une centrale hydroélectrique. Mon identité savoyarde vacille... mais je sens, je devine que l'activité professionnelle de mon père, la construction d'une usine hydroélectrique, est un élément important du mystère paternel.

A chaque fois que nous quittions Albertville pour monter « tout là-haut », nous remontions la vallée de l'Isère et très vite nous passions religieusement devant l'usine hydroélectrique de La Bâthie, ou du moins ce qui en est visible, car l'usine est souterraine, cachée dans la montagne. Pour l'enfant que j'étais il y avait un immense décalage entre l'émotion de mes parents à ce moment-là et ce que j'observais, à savoir une multitude d'affreux pylônes gigantesques et de câbles à haute tension sans aucun intérêt pour moi et qui ne m'évoquaient aucune émotion.

L'hydroélectricité gardait encore ses secrets, mais je savais qu'il y avait là une énigme à percer... cette opaque usine hydroélectrique près d'Albertville m'intriguait jusqu'à l'obsession. Il me faudra de très longues années pour comprendre comment et pourquoi l'hydroélectricité est au cœur de notre histoire familiale. Je devine qu'il y a dans cette activité, les traces du secret paternel et vais donc remonter comme un fil d'Ariane, la généalogie de l'hydroélectricité de mon cher Papa, et des turbines mes cousines. Le chemin sera difficile parsemé de silences hermétiques. J'avais dix ans et plus j'avançais moins je comprenais.

Ma mère m'expliqua un jour avec une tristesse incompréhensible pour moi : « ton père voulait être pilote dans l'armée de l'air, la guerre l'en a empêché. » Je me retrouvais ainsi avec trois pelotes de laine : la guerre, l'armée de l'air, et une centrale hydroélectrique …Comment les tricoter ensemble ? quels liens pouvaient bien unir ces trois éléments ? je sentais qu'il n'était plus temps pour moi de questionner ma mère et encore moins mon père. J'arrivais aux limites de ce que je pouvais savoir. Il me serait impossible de rentrer plus avant dans leur histoire. Qu'y avait-il donc à cacher ?

Quel était l'insondable secret de cette usine hydroélectrique de La Bâthie précieuse et aimée comme un sanctuaire ?

1955 Christine Jacquin

Barrage de Roselend dans le massif du Beaufortain proche d'Albertville

1957 construction du chalet à Courchevel

1957 autour du chalet à Courchevel

1958 Premier hiver, vue depuis l'intérieur du chalet

Courchevel, à proximité du chalet

La Dordogne clef du mystère

J'entends parler pour la première fois du barrage hydroélectrique de l'Aigle sur la Dordogne lorsque je suis adulte. A partir de 1987, mes parents se rendent tous les ans, en septembre, en Auvergne, tel un pèlerinage automnal rituel, au grand rendez-vous de l'association « des anciens du barrage ». (?)
Qui sont ces anciens ? Quel est ce barrage auvergnat ? Un ancien pilote-parachutiste anglais fait rigoler tout le monde là-bas, paraît-il. Mon père est choisi par le groupe pour découvrir une stèle au cours d'une cérémonie. Quelle est donc cette secte du barrage ?
Ce mot « barrage » me fait dresser l'oreille, mon intérêt se cabre, cela me rappelle les turbines paternelles de mon enfance près d'Albertville dans l'usine souterraine de La Bâthie qui brasse les eaux du lac de Roselend. Mais l'hydroélectricité en Dordogne …voilà pour moi un chapitre totalement inédit. Je n'avais jamais entendu parler de la moindre connexion entre mon père originaire de Besançon et La Dordogne.

Après avoir exploré la Savoie en tous sens, je découvre enfin des indices déterminants entre Corrèze et Cantal … Un nouveau chapitre de l'histoire paternelle se révèle ; Les gorges de la haute Dordogne vont être la clef-de-voute de mon enquête-puzzle.
Il me faudra du temps pour mettre en perspective la Dordogne et notre drôle d'identité savoyarde… comprendre le rôle majeur de l'hydroélectricité dans cette histoire. Il me faudra également découvrir la personnalité généreuse d'André Decelle résistant, polytechnicien en charge de la

construction du barrage de l'Aigle, appelé aujourd'hui « le barrage de la résistance ».

C'est en Dordogne, dans le barrage hydroélectrique de l'Aigle, en construction, que mon père trouve momentanément refuge en 1943. Réfractaire au STO, il devient clandestin et se cache dans le chantier du barrage qui sert de couverture à un important réseau de résistance, sous la responsabilité d'André Decelle, 33 ans, « Commandant Didier » pour la Résistance. Dans le chantier de ce barrage travaillent et se cachent des républicains espagnols, des démocrates allemands, des Français réfractaires au STO, des anti fascistes italiens et polonais. Au sein de ce réseau, Pierre Jacquin prend le pseudonyme « Brun » sous l'autorité du commandant « Bruno ». Après quelques opérations de nuit sur les terrains de largage destinés à recevoir les armes venues de Londres, il devient agent de liaison à la demande du commandant Didier. Il a vingt-deux ans et est chargé de transmettre au contact-radio de Clermont-Ferrand des informations pour Londres

A Clermont-Ferrand, au cours de l'une de ces missions de transmission d'informations, Pierre est arrêté le 28 mars 1944. Torturé pendant un mois par des Français miliciens il ne parle pas, ne lâche rien. Il est déporté vers l'Allemagne le 12 mai 1944. Il va connaître l'enfer de Buchenwald, Wieda, Dora, Bergen Belsen.

La déportation de mon père prend donc son origine dans ce terroir froid de la haute Dordogne, l'hydroélectricité de mon enfance savoyarde prend également sa source en Dordogne, dans la résistance, au barrage de l'Aigle pendant la guerre... Voilà une généalogie qui s'étoffe sérieusement, le mystère de l'hydroélectricité m'est enfin révélé !

Mon puzzle étonnant avance cette fois de façon significative. Mais un autre chapitre de l'histoire paternelle reste dans l'ombre : « la déportation ». J'en ignore l'histoire précise, mon enquête continue donc …

Barrage de l'Aigle sur la Dordogne

Une étrange visite

En 1967 les énigmes continuent. Un jour ensoleillé de printemps une étrange visite sonne à la porte. Curieuse comme une petite souris, je veux savoir qui arrive. Ma mère, à la vue de ce visiteur, s'efface rapidement dans la cuisine. Cachée à l'angle du couloir, je suis seule spectatrice de la rencontre. Un homme habillé d'un blouson de cuir noir et d'une casquette, entre en souriant faiblement, mon père et cet inconnu se jettent alors dans les bras l'un de l'autre. Leur étreinte puissante se prolonge de longues minutes, avec insistance ils se serrent l'un contre l'autre longuement. Leurs mains et leurs bras participent à cette communion charnelle puis, à ma plus grande stupéfaction, des larmes silencieuses jaillissent de tous leurs yeux. Mon père, ce roc solide comme les montagnes, est en larmes. L'étreinte continue, après un très long moment de cet échange charnel puissant, des mots sont prononcés doucement lentement et l'étreinte se prolonge, s'éternise. Seule dans ma cachette, du haut de mes onze ans j'hallucine.

Qui est-il ? qu'arrive-t-il à mon père d'habitude si retenu ? Mon père serait-il homosexuel ? pourquoi pas mais comment accommoder cette homosexualité avec une paternité cinq fois assumée ? Isolés du monde, ces deux hommes enfin dissociés se dirigent vers le salon. Trop occupés l'un par l'autre, ils ne me voient pas, la porte du salon se referme derrière eux. De toute évidence, personne ne doit les déranger, je les entends parler abondamment, calmement.

Mais qui est donc mon père ? Pourquoi lui qui nous parle si peu, qui exprime si peu de sentiments, a-t-il soudainement ouvert les vannes de ses larmes et de ses étreintes avec cet inconnu ???

Comme souvent, j'irai quémander des explications auprès de ma mère. J'apprends ainsi que l'étrange compagnon de mon père s'appelle Daniel Anker et est lui aussi un survivant du camp de Buchenwald. Il est actif dans l'association d'anciens déportés FNDIRP à laquelle mon père adhère également. Daniel est Juif et communiste, il a lui aussi connu l'enfer de Buchenwald. Au fil des ans, nous avons appris à nous saluer gentiment, mais le lien sacré indéfectible mystérieux qui les unissait, lui et mon père, demeurait primordial et quasi mystique.

Daniel fut atteint par un redoutable cancer qui l'emporta en quelques mois. A la mort de Daniel, Pierre fut très triste, je le sentis à ses silences un peu plus lourds que d'habitude.

Plusieurs années plus tard, au cours d'une discussion sur le communisme avec mon père je découvris sa proximité sa compassion, son amitié pour les communistes. Il gardait dans sa mémoire un souvenir ému, tenace, douloureux de ses camarades communistes, notamment allemands, côtoyés dans les camps nazis. Mon père parlant bien l'allemand avait discuté autant qu'il le pouvait avec ses codétenus communistes allemands. Il lui était important de conserver les noms de ceux qu'il a connus et qui sont morts en déportation, il se souvenait d'eux avec émotion, douleur et respect.

Et si nous étions juifs ?

Au début de l'adolescence, en 1969, je décide de vraiment enquêter sur ces fameux camps de déportation. Au collège notre professeur d'histoire nous parle des Grecs et des Romains. Internet et wikipédia n'existent pas, je me débrouille donc toute seule. Mes recherches vont évoluer au hasard de mes lectures. Le brouillard que j'ai dans la tête sur ce sujet ne m'a pas encore permis de faire la distinction entre camp de déportation et camp d'extermination. Tout au long de mes lectures de hasard j'acquiers la conviction que tous les déportés ou presque sont juifs. Mon père est peut-être juif sans le savoir. Une certitude s'installe dans mon enquête : les juifs sont nos frères de tragédie. De culture catholique, aucune religion ne s'exprimait dans notre famille. Je supposais à tort que mon père avait une proximité avec la judéité du fait de son internement en camp de déportation. Je mélangeais et confondais tout.

Quelques années plus tard, mieux instruite, je sus distinguer la tragédie de la Shoah de la déportation politique. Un même bourreau mais des histoires différentes, j'apprends à distinguer clairement les verbes déporter et exterminer, je comprends que la persécution et les assassinats des Juifs d'Europe est l'abominable catastrophe du XX° siècle.

Il me faut mieux cerner ce qu'a été la déportation politique : les triangles rouges. Dans les camps les déportés qualifiés de « politiques » portaient, cousu sur leur rayé, un triangle rouge. Mon père n'est donc pas savoyard, il n'est pas homosexuel, il n'est pas juif non plus mais a été « triangle rouge ». Mais qui est-il vraiment ? Mon enquête avance petit à petit …Je vais enfin pouvoir creuser un élément déterminant de l'identité paternelle : « le triangle rouge ».

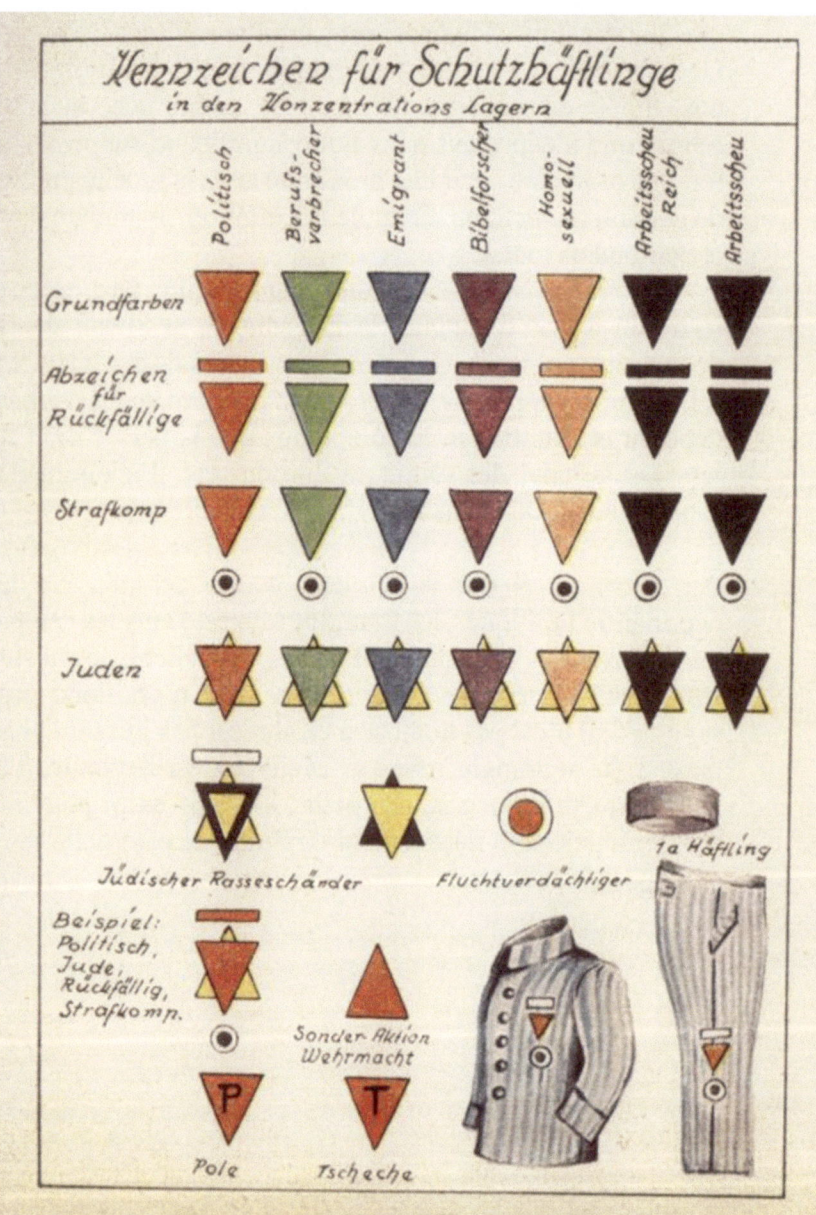

Les différents insignes dans les camps de déportation

Dans les bras de la FNDIRP
Fédération Nationale des Déportés et Internés, Résistants et Patriotes

En avril 1974, sur proposition de mon père, je participe à un voyage sur les lieux des camps de déportation de Buchenwald et Dora organisé, pour les jeunes, par La FNDIRP. Peut-être mon paternel veut-il me raconter sans me parler ?

Situés en Allemagne de l'Est à l'époque, les vestiges des lieux concentrationnaires de Buchenwald et Dora furent pour moi à seize ans, en 1974, un violent choc émotionnel.

A mon tour, j'ai du mal à parler, en 1974 à seize ans j'ai été tétanisée sur la place d'appel du camp de Buchenwald ainsi que devant les fours crématoires béants de Dora. Le revier de Buchenwald (*infirmerie*) et ses salles d'expérimentation m'ont anéantie. L'affreuse maxime « Jedem das seine » *chacun son dû* sculpté à l'entrée du camp dans une arche de fer, m'a glacée. Au camp de Dora, l'emplacement du bunker m'a arraché des larmes, tous ces moments, ces lieux sont à jamais inscrits dans ma mémoire.

En toile de fond, l'étrangeté de cette Allemagne de l'Est aride, sinistre de 1974 : nous arrivons en terre communiste après un long voyage en train de 18 heures. La frontière avec la RDA a immobilisé notre convoi un long moment en pleine nuit. Des douaniers gris passent et repassent dans le couloir. Leur visage sans expression scrute l'intérieur des compartiments, puis ils passent et repassent sans cesse dans la nuit.

Arrivés à Erfurt, nous sommes installés dans un grand hôtel style « rococo ». Chambres immenses, tentures et dorures contrastent avec une odeur de pollution qui envahit toute la ville. Dans la salle de bain les robinets dorés tournent à vide. Il n'y a pas d'eau, il n'y aura pas d'eau. La douche sera prise dans une unique chambre pour tout le groupe. Les dorures et fastes du passé de cet hôtel « grand siècle » ne sont plus que de mystérieux signaux interrompus. La froidure gèle l'atmosphère : pas de chauffage, de toute évidence nous ne sommes pas là pour rigoler. En 1974, cet hôtel fastueux transformé en auberge de jeunesse est aussi inhospitalier qu'étrange. Les dorures décadentes figées dans la grisaille nous accueillent sans harmonie Le déséquilibre de ce décor inconfortable et saugrenu annonçait la suite …

Aucune lumière dans les rues le soir, très peu de magasins. Sur les routes austères ne fleurissent que quelques panneaux qui répètent, qui martèlent « Nie wieder faschismus » *plus jamais le fascisme.* Depuis le bus qui nous conduit d'Erfurt à Buchenwald, en pleine campagne déserte, nous découvrons tout au long de la route, l'accumulation de ces affichages « Nie wieder faschismus ».

En dehors de ces exclusifs messages, rien, aucun panneau indicateur, le chauffeur conduit de mémoire. Une campagne froide et désertique nous psalmodie qu'il n'y aura *« plus jamais le fascisme »*. Message unique obsessionnel dans ce pays où les gens ne se parlent pas, les policiers sont partout. Ce pays sinistre semble se payer une vertu en dénonçant le fascisme passé mais la tristesse des villes, des paysages, des gens est perceptible à chaque instant. En 1974, cette Allemagne de l'Est qui lève l'étendard contre le fascisme est elle-même angoissante, tragique et policière.

Ce voyage sur les traces des camps de déportation nazis au pays de la Stasi est surréaliste !!

A Erfurt, ville grise industrielle, polluée, une soirée de rencontre avec des jeunes allemands de notre âge est organisée sous haute surveillance. Un peu de musique…le plaisir de parler allemand et peut être pourrons-nous danser ? La conversation s'engage avec de jeunes allemands qui nous désignent comme venant d'un pays de liberté dépravé. Complètement suffoquée je ne sais pas ne comprends pas que mes interlocuteurs ont été très probablement choisis par le parti communiste local et briefés avant de venir. Nous avançons des arguments naïfs et nous efforçons d'expliquer que Paris est une belle ville où il fait bon vivre. Nos camarades d'un soir Est-allemands ont la parole cruelle pour Paris mais leurs yeux brillent. Ils questionnent, questionnent sans cesse sur cette ville qu'ils doivent détester mais qu'ils ont envie d'aimer. La confiance s'installe finalement entre nous, la jeunesse nous réunit, et nous discutons plusieurs heures. La soif de découvrir La France est évidente chez nos jeunes camarades allemands, ils veulent connaître l'ambiance des rues parisiennes et l'étendue de nos libertés. Ils ont perdu leur arrogance du début de soirée et sont devenus de jeunes adolescents est-allemands un peu tristes désireux de connaître le monde…

La soirée s'achève... finalement nous n'avons pas dansé mais parlé parlé parlé argumenté … Au moment de partir un de ces adolescents allemands me supplie de rester encore quelques minutes : il veut absolument m'offrir quelque chose et me demande de l'attendre un instant. Touchée par son insistance, je patiente. Il revient et m'offre avec une extrême gentillesse et beaucoup d'émotion un sweat-shirt blanc sur lequel est écrit en rouge « Allende 1973 » et est imprimé un gros poing fermé de lutte révolutionnaire. Je suis stupéfaite par ce cadeau insolite. Une énigme de plus : pourquoi ce voyage commémoratif sur les lieux d'anciens camps de déportation m'emmène-t-il au Chili ? Avec mon jeune camarade allemand, nous échangeons quelques phrases : sous notre acné juvénile nous prenons des airs importants pour parler du terrible coup d'Etat qui a renversé Allende l'année passée au Chili. Je dois partir et le remercie, son cadeau un peu surprenant me touche beaucoup. Comme un enfant fautif, il prend ma main et me dit doucement qu'il aurait bien aimé bavarder encore un peu avec moi ; la triste douceur de ce moment me fait comprendre combien il est difficile d'être un adolescent de seize ans en Allemagne de l'Est en 1974.

« Es ist zeit zu gehen » *il est temps de partir* nous imposent les organisateurs grincheux parfumés à la STASI. Dans ce pays, la moindre émotion n'est autorisée que si elle est politiquement correcte. La découverte, l'ouverture aux autres sont soumises aux contrôles et à la surveillance implacables des services policiers de la RDA. Au pays de la STASI seuls s'épanouissent les mémoriaux des camps de déportation nazis…

Je découvre à ce moment-là, la difficulté mémorielle des Allemands de ma génération.

Je n'en avais pas fini avec les camps allemands.

Pendant l'été 1974 j'ai dix-sept ans et participe à un « chantier international » en Allemagne. Nous allions perfectionner notre allemand durant trois semaines en défrichant les forêts allemandes dans une ambiance internationale. Les locaux modernes et efficaces de l'école d'un petit village proche de la « Lüneburger Heide » entre Hanovre et Hambourg nous hébergent. A cette époque, en 1974, les allemands de l'Ouest, écolos, les « grünen » sont attachés à ce nouvel espace protégé appelé « la lande de Lünebourg » ; ils nous y emmènent avec fierté. Arrivée sur place, je découvre une plaine immense où il n'y a absolument rien jusqu'à l'horizon. Complètement perplexe, je ne comprends pas l'attachement de mes camarades allemands du nord à cet espace étrange.

Après cette escapade entre Hanovre et Hambourg, nous retournons quelques kilomètres au sud, à Bienenbüttel siège de notre chantier international au cœur des forêts. Plusieurs années plus tard, en consultant précisément une carte, je m'aperçois que ce « camp de travail », auquel je participais, était tout proche de l'ancien camp de Bergen Belsen où fut libéré mon père le 15 avril 1945. Silence des Allemands sur place, silence de mon père à mon retour …Ce silence omniprésent m'a révoltée quelques années plus tard lorsque je découvre la proximité topographique de ces deux camps. Cette révolte va me servir d'énergie pour rechercher la réalité vraie de cette histoire aux contours encore trop flous.

Avec le temps, j'ai appris à comprendre et respecter le silence de mon père. A l'époque ce silence était probablement pour lui le seul moyen de se protéger des souvenirs brûlants et dévastateurs.

Le silence avait gangréné également le fameux Wolfgang, ingénieur allemand des Eaux et Forêts, qui avait la charge du travail de notre groupe sur place dans les forêts d'Allemagne du nord. Aimant les longues discussions sous les arbres, spécialiste écologiste de sa région, jamais il n'évoqua le mémorial du camp de Bergen Belsen tout proche. Avec sa barbe délicatement taillée et ses yeux bleu pâle comme le ciel de Hambourg, il favorisait nos longs échanges en allemand sur les forêts, les montagnes, la neige, les voyages. Sa passion réelle pour les arbres, les animaux, la nature servait probablement à mieux oublier le passé insupportable de l'Allemagne.

Dans ce camp international en Allemagne du nord, Hans et Brigit étaient les deux responsables allemands de la logistique. Agés d'environ vingt-trois ans, ils étaient sournois raides et antipathiques, Ces écolos-là voulaient tout savoir de nous sans rien nous dire d'eux et de leur région. De nombreuses années plus tard je me suis autorisée à imaginer qu'ils étaient peut-être des enfants de gardiens du camp de Bergen Belsen, ils en avaient la rudesse, la brutalité psychologique, l'opacité. Là encore, je découvrais la complexité des Allemands de ma génération. Dans les années soixante-dix la jeunesse d'Allemagne de l'Ouest avait le choix implicite entre la Bande à Baader ou les « grünen ». J'ai eu la chance de rencontrer les verts, les « grünen » ...

L'année 1974 m'a permis de mettre en perspective les jeunesses respectives de RFA et de RDA, deux versions d'une même Allemagne. En l'espace de quelques mois j'ai côtoyé les tristes communistes allemands de l'EST qui dénonçaient et exhibaient le nazisme passé pour tenter d'exister, et les planants « grünen » allemands de l'OUEST qui se shootaient à l'écologie pour tenter d'oublier ce même nazisme. Cette immersion dans les deux Allemagnes de 1974, m'a profondément troublée, la tristesse, la gentillesse ou la rudesse de leur jeunesse faisaient écho en moi. Le temps m'aidera à comprendre à quel point cette génération allemande a souffert de l'histoire passée de son pays. Qu'ils soient communistes contraints à l'EST ou « grünen » errants drogués de nature à l'OUEST, tous se débattent avec une histoire qui n'est pas la leur mais celle de leurs parents. Cela me parle oui cela me parle ...

La jeunesse de ces deux Allemagnes dans les années soixante-dix, a navigué à vue entre contraintes, silence, culpabilité, énergie détournée vers le communisme ou l'écologie. Que ce soit à l'EST ou à l'OUEST, j'ai ressenti cette année-là en 1974, une réelle complexité chez

tous ces allemands rencontrés. Malgré de nombreuses étrangetés, je sentais curieusement une certaine proximité avec eux, sSans le dire, sans même le savoir, nous partagions une même difficulté : exister, se construire alors que nous étions encore pris dans les filets de l'histoire de nos parents, de nos pays, qui tardait à s'écrire.
Que sont-ils devenus tous ces camarades allemands ? sont-ils européens aujourd'hui ?

Quand enfin la parole se libère

A partir des années 80 - 90, mon père, comme beaucoup d'autres survivants des camps, commence à raconter, se raconter. La retraite le rend plus disponible, les associations d'anciens déportés sont très actives à cette période, et favorisent leur parole. Les survivants se sentent écoutés : près de quarante-cinq années après la barbarie, l'heure est venue de témoigner… La crainte de mourir sans avoir raconté, et surtout témoigner pour ceux qui ne sont pas revenus. Mon père évoquera souvent à cette période l'absolue nécessité de ne jamais oublier ceux qu'il a connus et qui ne sont pas revenus, mort sans sépulture. Autant qu'il le peut, il conserve leur nom en mémoire. Il m'expliqua à cette époque, vivre avec eux par la pensée depuis 1945, et c'est pour eux qu'il veut témoigner.

En 2016, à la fin de sa vie, atteint de la maladie d'Alzheimer, mon père n'a rien gardé des jolis souvenirs de sa longue et belle vie. A la veille de son grand départ, il nous rappelait en allemand son numéro de matricule et ses souvenirs de déportation.

Nous ses enfants, n'oublions pas sa passion généreuse pour la montagne, son intérêt pour la musique, les grandes et belles choses qu'il a réalisées dans sa vie professionnelle et le capitaine qu'il a malgré tout su être pour son épouse et ses cinq enfants.

J'ai souhaité transcrire les récits de mon père pour trois raisons.

- ✓ *Honorer son courage et sa détermination.*
- ✓ *Ne pas oublier son histoire singulière et l'inscrire dans la grande Histoire.*
- ✓ *Mieux connaître le passé pour aiguiser une réflexion vigilante sur l'actualité.*

L'histoire de mon père durant la seconde guerre mondiale est tragiquement banale ; il fut un parmi des millions confrontés aux horreurs de la guerre et de la déportation. Il semble néanmoins important de ne pas oublier chaque histoire singulière avec ses actes individuels et ses situations particulières. Ainsi, se croisent la grande histoire, celle des Etats, des traités des guerres et l'histoire des individus celle des refus, des peurs, des combats, des trahisons, celle des idéaux, des choix et des valeurs. Chaque parcours individuel participe à la compréhension de la « grande Histoire » : sont ainsi mêlés archives et témoignages. C'est cette histoire multiple qui peut sans doute nous aider à mieux appréhender l'avenir.

Sous la torture des miliciens français, il n'a pas parlé, n'a pas trahi, a résisté. Sa détermination et son courage indiquent un cap à tous ceux qui interrogent le passé pour construire l'avenir. Il est toujours instructif de découvrir comment des individus banals, pris dans la tourmente, disent non et résistent à l'obscurantisme et au fascisme. Ils ne sont pas des héros mais des gens ordinaires dont le destin soudain bascule. Leurs valeurs, leur éducation, leur psychologie vont les amener à faire des choix auxquels ils n'étaient pas préparés. Leurs choix, leur détermination leur courage sont des balises précieuses pour avancer dans le monde d'aujourd'hui.

A quatre-vingt-onze ans, Pierre Jacquin demandait à ses enfants de ne pas oublier les désastres du fascisme. En 2016, à l'aube de son départ définitif, j'ai décidé de rédiger tout ce que mon père m'a raconté de sa résistance puis sa déportation dans les camps nazis. Cette transcription vient accompagner son propre témoignage écrit en 1995, intitulé : « A propos d'une déportation … Pour la mémoire ». Ses récits oraux confirment mais aussi complètent son témoignage écrit.

J'ai pu croiser ces témoignages avec des archives sur le camp de Dora analysées par des historiens, ainsi que les archives allemandes Arolsen, Centre international d'archives des persécutions nazies basé dans la petite ville allemande de Bad Arolsen. Il me devenait ainsi possible d'inscrire cette histoire familiale, intime, dans la grande Histoire. L'Histoire avec un grand H est parfois malmenée, déformée, amnésique. Les archives permettent de rétablir les faits réels, combattre l'oubli et remettre l'individu au cœur de l'Histoire.

Pierre Jacquin 21 ans
1942 photo d'identité

*arrêté le 28 mars 1944 par la gestapo de Clermont-Ferrand
torturé par la milice française
déporté en Allemagne par le convoi du 12 mai 1944
de Compiègne à Buchenwald*

*Interné dans les camps de :
Buchenwald 14 mai au 6 juin 1944
Wieda 6 juin au 2 juillet 1944
Dora 2 juillet 1944 au 4 avril 1945
Evacuation de Dora en train à charbon 4 avril au 9 avril 1945
Bergen Belsen 9 au 15 avril 1945*

*Libéré le 15 avril 1945 à Bergen Belsen
 par l'Armée Britannique.*

Transcription des récits de Pierre Jacquin
Accompagnée d'archives

Recherche clandestinité et plus si affinités

L'entrée en résistance

La gestapo de Clermont-Ferrand

La grande disparition

L'arrivée à Buchenwald

Tentative d'évasion

Le bunker de Dora

Le strafkommando de Dora

L'évacuation allemande

La libération écossaise

Le retour

Jusqu'au dernier souffle

Recherche clandestinité et plus si affinités

En 1943, Pierre Jacquin, 22 ans, doit partir au STO service de travail obligatoire en Allemagne. Il refuse catégoriquement, c'est une évidence pour lui et ses parents. Le père, survivant gazé de la guerre 14-18, a la « haine du boche » solidement chevillée au corps. Le fils, lui, a un tempérament d'insoumis, prêt à l'engagement pour servir ses valeurs. Il souhaite devenir pilote dans l'armée de l'air, plus précisément dans l'Aéronavale, pilote embarqué sur porte-avions, depuis l'adolescence Saint Exupéry est son héros. Réservé, sérieux, calme et précis Pierre a une forte énergie et « une grande volonté » répétait sa mère. Ses parents sont d'origine modeste et ont beaucoup d'ambition pour lui. Pierre est l'aîné de trois garçons : il doit montrer l'exemple, tracer la route. Son père Roger Jacquin qui, à force de beaucoup de travail, est devenu assureur à Besançon est le fils de Claude-Joseph Jacquin, enfant unique et orphelin à quinze ans, qui quitte les terres agricoles assez pauvres du nord de Besançon vers 1880 et vient travailler à la mairie de Besançon où il est embauché comme employé de bureau et y travaillera toute sa vie. La mère de Pierre, Alice Yver, est « petite main » chez une modiste. Elle vient de Paris, le quartier populaire du Marais, son père est employé au BHV. Alice arrive à Besançon début 1918 : ses patronnes, les sœurs Zimmerman, modistes, sont bienveillantes et ont emmené Alice avec elles lorsqu'elles fuient Paris bombardé en janvier 1918 et se réfugient à Besançon.

1941 carte d'identité Alice YVER épouse JACQUIN

1940 carte d'identité Roger JACQUIN

En 1943, Pierre ne savait pas encore qu'il serait courageux mais sa conviction était faite : il ne se soumettra pas aux autorités allemandes. Comment disparaître ? Il s'accommode de cette question angoissante en recherchant une opportunité qui le conduirait à Londres ou en clandestinité.

Avec son très bon ami Pierre Nifnecker, ils souhaitent rejoindre l'Angleterre par l'Espagne. Une religieuse en lien avec la résistance à Besançon, Sœur Baverez, leur indique un passeur. Mais ce passeur qui devait les aider à franchir la frontière franco-espagnole dans les Pyrénées, n'est jamais venu. Ils apprirent, bien plus tard, qu'il s'agissait d'un résistant alsacien, Paul Koepfler, qui faisait passer la ligne de démarcation de 1940 à 1942 entre Arbois et Poligny dans le Jura. En 1942 les Allemands occupent l'intégralité de la France. Paul Koepfler est donc envoyé, en 1943, à la frontière espagnole. Les deux Pierre, Nifnecker et Jacquin, devaient être ses premiers « clients ». Avant de quitter la Franche-Comté pour l'Espagne l'Alsacien organisa un pot de l'amitié avec quelques résistants. Un groupe d'hommes armés fit irruption et les tua tous à la mitraillette.

Plus tard, Sœur Baverez fut arrêtée puis déportée à Ravensbrück d'où elle n'est pas revenue. Ses cendres reposent dans le lac proche du crématoire de Ravensbrück.

Paul KOEPFLER marchand forain
Né le 14 février 1921 à Belfort
Abattu par les allemands à 22 ans, au Bar de l'Hotel de Ville de Poligny Jura le 31 mars 1943.

Sœur Marcelle Baverez
Née à Besançon le 8 mars 1899
Décédée à Ravensbrück le 1er novembre 1944, à 45 ans.

Au printemps, 1943, les deux Pierre sont bredouilles : ni passage, ni passeur, retour à la case départ. Il leur faut retourner dans leur ville, la peur au ventre. Les déplacements sont dangereux dans un pays truffé de nazis, de soldats allemands et de miliciens français. Se cacher est une épreuve permanente de jour comme de nuit. L'exercice est redoutable, quelques abris uniquement sur recommandation : un hôtelier à Albertville, des religieuses en Haute-Savoie et dans le Jura. Toujours sur recommandation car le pire ennemi rôde : la délation. Se méfier de tout le monde en permanence. De retour à Besançon, les deux jeunes garçons ne savent toujours pas « *où se planquer* » pour échapper aux allemands, l'inquiétude est quotidienne, grandissante. Les allemands sont partout à Besançon en « zone interdite » envahie dès 1940. Finalement Nifnecker trouvera refuge dans un maquis du Jura et Jacquin dans un maquis de Dordogne. Roger Walter, ami de son père, rencontré par hasard dans la rue à Besançon, lui indique le chantier du Barrage de l'Aigle sur la Dordogne, où l'un de ses camarades de l'école des Ponts et Chaussées, André Decelle, dirige les travaux de construction mais aussi accueille des réfractaires au STO. C'est ainsi que Pierre Jacquin, 22 ans, quitte sa famille et sa ville Besançon, afin de se rendre au Barrage de l'Aigle sur La Dordogne entre Corrèze et Cantal, région qu'il ne connaît absolument pas. Il va trouver là-bas dans la vallée austère de la haute Dordogne un refuge clandestin qui va lui permettre de se cacher et se soustraire aux autorités allemandes, c'est une priorité absolue pour Pierre à cette période.

André Decelle, 33 ans, est polytechnicien et ingénieur des Ponts et Chaussées mais il est également un chef de la résistance du Massif Central sous le nom de « Commandant Didier » et effectue une double mission : officiellement pour les allemands, il a la charge de la construction du barrage hydroélectrique de l'Aigle sur la Dordogne, chantier que les nazis surveillent de près car prometteur d'électricité. Mais clandestinement le commandant Didier alias Decelle dirige une importante organisation de résistance qui se cache au sein même du chantier officiel du barrage. Cette double activité sur un même lieu est naturellement très dangereuse mais André Decelle pilote ses actions de résistance avec détermination, habileté et courage. La construction du barrage de l'Aigle permet ainsi l'accueil et la protection de nombreux résistants de toute l'Europe qui fuient le fascisme : réfugiés républicains espagnols, démocrates allemands, réfractaires français au STO, anti fascistes italiens et polonais s'y côtoient et travaillent ensemble. Les travaux du barrage avancent suffisamment rapidement pour rassurer les autorités allemandes qui veillent, mais avancent également suffisamment lentement pour réserver cette source d'énergie à la reconstruction de la France après la libération. Pas un seul kilo watt-heure d'électricité n'a été produit pour les Allemands. Les autorités nazies souhaitaient une mise en service du barrage en 1942, mais grâce au commandant Didier cette mise en service ne s'est faite qu'en 1946 pour servir la reconstruction de La France. Le tempo des travaux a été savamment orchestré par André Decelle afin de retarder au maximum la production d'électricité. Evidemment cette double posture était très dangereuse pour le commandant Didier et ses hommes. André Decelle, soupçonné un temps par les allemands de ralentir les travaux, fut convoqué à Paris pour répondre aux questions des autorités allemandes : il sut brillamment créer « un écran de fumée » pour protéger le barrage et son réseau de résistance, allant jusqu'à se mettre en colère face aux allemands les accusant de répandre de fausses rumeurs. Son courage s'est exprimé là avec force. L'originalité et la réussite de ce réseau de résistance proviennent de cette double action : officielle et clandestine. Les travaux du barrage cachent vigoureusement en son sein, un réseau très actif de résistance en lien direct avec Londres. André Decelle a été l'artisan exemplaire de cette double action. Attentif et protecteur pour les hommes nombreux engagés à ses côtés, prudent et combattif avec les autorités allemandes. Son réseau est rattaché à l'ORA Organisation de Résistance de l'Armée. L'ORA fusionne en février 1944 avec l'Armée Secrète et les FTP pour former les FFI. De nombreux parachutages d'armes, en provenance d'Angleterre, sont effectués de nuit dans le secteur du barrage.

Pierre Jacquin est presqu'encore un gamin ; à 22 ans il a comme seule formation un bac scientifique et deux années de préparation math-sup. Son rêve ultime est de devenir pilote sur les porte-avions de la Marine Nationale. Admissible au concours de l'Armée de l'Air il n'est pas admis à l'oral en juin 1940, la guerre interrompt ses études. Il parle et lit très bien l'allemand qu'il a appris avec intérêt au lycée mais n'a aucune formation lui permettant de travailler sur le chantier du barrage de l'Aigle. André Decelle l'affecte donc au centre de documentation du barrage, à Mauriac, où se trouvent de nombreux documents sur l'hydroélectricité rédigés en allemand. Pierre va lire, traduire et trier toute cette documentation et apprend ainsi beaucoup sur cette nouvelle technologie hydroélectrique née en Allemagne et en Suisse quelques années auparavant.

L'entrée en Résistance

Quelques temps après son installation dans ce centre de documentation, André Decelle explique à Pierre Jacquin la réalité secrète du chantier : le réseau et l'activité de résistance. Le « Commandant Didier » lui propose de se joindre au groupe de résistance mais lui impose 24 heures de réflexion. Pierre accepte sur l'instant et confirme sa décision le lendemain. Il prend le nom de code « Brun » pour la résistance et est placé sous l'autorité d'un certain commandant « Bruno ». Après plusieurs actions de nuit sur un terrain de largage, le jeune Pierre, âgé de 22 ans, devient agent de liaison à la demande du commandant Didier. Il effectue des missions « boîte aux lettres » qui consistent à se rendre à Clermont-Ferrand devant la polyclinique afin de faire parvenir des informations à un dénommé Job (nom de code) contact radio avec Londres. Pour cela Pierre doit communiquer ses informations oralement à un dénommé Ulysse qui transmet ensuite au dénommé Job. Pierre doit expliquer oralement des données relatives aux terrain de largage pour les parachutages en provenance d'Angleterre : localisation, horaires, nature des feux d'identification de la zone de largage. Les remarquables pilotes britanniques opèrent de nuit ; les nuits sans lune ou presque. Leurs contraintes techniques et météorologiques doivent s'harmoniser avec les informations fournies par les résistants français sur l'approche et la localisation du terrain. Les échanges d'informations entre les résistants du barrage de l'Aigle et les pilotes anglais sont donc cruciaux pour la réalisation de ces opérations aériennes nocturnes, dangereuses.

« *Orion pavoise le ciel* » a été le premier message envoyé par Radio-Londres en 1943 au maquis du barrage de l'Aigle. Ce message annonciateur de largage d'armes fut une joie immense pour tous les résistants du barrage.

Dimanche 26 mars 1944 : deux jours avant l'arrestation de Pierre Jacquin par la gestapo de Clermont-Ferrand.
André Decelle (*2ème en partant de la droite*) et Pierre Jacquin (3ème en partant de la gauche) avec quatre autres résistants.
Sans doute invités à un repas par la femme debout : probable repas de « réglage » avant action.

La gestapo de Clermont-Ferrand

Les missions « boîte aux lettres » se déroulaient toujours boulevard Gergovia devant la polyclinique à Clermont Ferrand où il fallait y rencontrer le dénommé Ulysse chargé de transmettre ensuite à Job. Trois résistants du barrage de l'Aigle étaient affectés à ce genre de mission : Pierre, un dénommé Bastard et un jeune séminariste Yves Brière. Le 28 février 1944, jour de son arrestation, Pierre Jacquin remplace Brière, qui ne pouvait pas effectuer cette mission.

Depuis Mauriac, Pierre se rend en train, à Clermont-Ferrand, afin de rencontrer le fameux « Ulysse » (*nom de code*) et lui communiquer oralement des informations. Pierre alias « Brun » a un cartable contenant des documents en allemand sur l'hydroélectricité : cette documentation sert de leurre pour les allemands : en cas de problème il pourra ainsi attester qu'il est documentaliste spécialisé en hydroélectricité. Comme convenu, afin d'indiquer à Ulysse que tout est normal, Pierre tient sous le bras le journal « Signal », torchon de propagande nazi. Il aperçoit Ulysse qu'il a déjà rencontré dans de pareilles circonstances, et remarque son extrême pâleur. Ulysse paraît fatigué et mal rasé. Avant même qu'il ait pu parler à Ulysse, deux agents de la gestapo, en civil, cachés derrière des arbres, saisissent Pierre par les deux bras et le font monter très rapidement et de force dans une traction stationnée à proximité.

Ulysse arrêté quelques jours auparavant, a servi « d'appât » pour l'arrestation de Pierre- « Brun » ainsi que Job, le contact radio arrêté quelques heures auparavant. Ces arrestations sont de façon évidente le résultat d'une dénonciation. Mais jamais Pierre n'a eu d'explications claires sur la cause de son arrestation ainsi que celle d'Ulysse et de Job. Une seule certitude pour lui : ces arrestations n'ont été rendues possibles que par une dénonciation.

C'est en 2021 que les archives de Clermont-Ferrand me révèlent l'explication de ces arrestations :

Archives transmises par Eric Panthou historien enseignant chercheur à l'Université Clermont Auvergne : Archives du procès le 16 septembre 1944 du milicien tortionnaire Georges MATHIEU
Condamné à mort et fusillé le 12 décembre 1944

Extrait des déclarations de Georges Mathieu à son procès à propos de l'ORA :

« Affaire de l'ORA. Lors des rafles qui suivirent l'attentat de la rue Montlosier, le commandant CLAUZEL alias Bartoli, chef départemental de l'ORA avait été arrêté. KALTEISS l'avait brutalisé mais n'avait obtenu aucun résultat. L'affaire fut classée. Or vers le 20 mars un samedi soir un indicateur de la brigade BATISSIER de Vichy se présenta au S D, déclara qu'il était sur la piste d'un des chefs de l'ORA un officier d'aviation et qu'il savait où l'arrêter. En compagnie de VERGNIERES ce jeune indicateur appréhenda cet officier dans un café du voisinage de la place Gaillard. Conduit au service il fut interrogé par BRANDT et révéla qu'il s'appelait le capitaine DEGOMY alias DARTOIS des M.U.R et qu'il avait rendez-vous le lendemain chez un agent de liaison le nommé BAUDRY Ulysse, étudiant à la faculté de Strasbourg, habitant rue des chambrettes. Cet étudiant fut arrêté en compagnie de sa sœur et d'un camarade nommé MARGROF que j'avais laissé échapper lors de la rafle de l'université. Interrogé BAUDRY nous apprit qu'il était agent de liaison et qu'il était chargé d'assurer la permanence tous les jours devant la polyclinique de 5h à 8h1/4 – le signe de reconnaissance était « sciences et vie ».

Sous la surveillance de la gestapo le lundi furent arrêtés :
SUDY sous-officier en congé d'armistice chargé des transports, Mr OPPICY marchand d'articles de pêche rue des Jacobins, boîte aux lettres, Mr RANCON agent de liaison et le lieutenant X … habitant rue Blatin. Mr RANCON que j'interrogeais avoua son rôle et dit que le chef régional était le colonel FREISS, rue des minimes, le colonel fut arrêté le lendemain matin à son domicile et il s'en fallut de peu que GARCY ne fut lui-même appréhendé car il venait juste de quitter la maison. L'interrogatoire du lieutenant X… interesse surtout le maquis Mr OPPICY avait sur lui le courrier pour VALLON de BESSE et pour GAYTON de COMPAINS. Quant à SYPPI (?) interrogé par KALTSEISS, brutalisé

il avoua que la radio de l'organisation logeait chez sa femme à la Garandière commune d'Aydat et qu'il s'agissait de GAUDRY alias MERINOS. GAUDRY put s'échapper mais le poste fut découvert sans quartz.

Le mardi au rendez-vous furent arrêtés dans les mêmes conditions : le lieutenant ULKA, le sous-lieutenant MOLLARD puis **un jeune homme venant de Mauriac, agent de liaison du colonel FABRY**.

Le mercredi soir, sur les indications de Mr RANDON nous sommes allés en gare à l'arrivée du train de Vichy où Louis GIRON étudiant, courrier entre Vichy et Clermont devait arriver. BAUDRY qui le connaissait aussi nous a accompagnés. GIRON arrêté fut immédiatement interrogé il avoua qu'il était de permanence à Vichy tous les soirs devant le bassin aux cygnes.

Jeudi le même commando retournait à Vichy dans le but d'arrêter deux agents de liaison du colonel ZELLER, grand chef de l' ORA, alertés personne ne se présenta au rendez-vous. **Cette opération amena l'arrestation d'une vingtaine de personnes. L'ORA dans la région de Clermont était pratiquement anéantie.** De plus les perquisitions amenèrent la découverte d'archives importantes, notamment chez DEGOUY, ainsi que tout le matériel de faux papiers, d'armes, de véhicules, de postes émetteurs, heureusement sans quartz. Toutes les personnes furent envoyées au camp de concentration n° I, deux purent s'échapper : le lieutenant FAYARD et le lieutenant PELLETIER qui s'évadèrent à Vitry le François, le lieutenant MOLLARD donne des renseignements et des noms mais aucun d'eux ne furent arrêtés. L'interrogatoire de CLAUZEL avait été repris, et il conseilla à tous les membres de son organisation de parler plutôt que de se taire puisque tout était anéanti. BLUMENKAMPF en remerciements propose de faire libérer CLAUZEL, mais GEISSLER refusa en lui appliquant un régime de faveur. J'ai omis de dire que DARTOIS avait parlé d'un nommé LEGAY habitant rue Drelon. Celui-ci arrêté partit en Allemagne. »

Fin de l'extrait

CHAMBON resta introuvable, toutes les personnes des deux organisations partirent en camp de concentration à l'exception de Louisette LESCHER, maîtresse de GUITTET, et de ALLIOT que j'avais interrogée et qui n'avait pas eu une grande activité et qui fut relâchée ainsi que les parents de BRESSON, puis son frère, sa femme et son beau-frère SAUTAREL. Pour BRESSON, Mlle BRANDT pensa d'abord l'envoyer en camp de concentration. Pour des raisons qui m'échappent BRESSON fut employé comme chauffeur et la voiture de ses parents fut saisie; il ne fut pas cependant remis en liberté. Il logea une quinzaine de jours avec sa femme 2 b avenue de Royat, puis finalement alla habiter chez ses beaux-parents. Par la suite SAUTAREL entra à notre service, je ne sais dans quelles circonstances et si c'est sur la pression de BRESSON. Quant à VERGNIERE Jean il toucha 5.000 f. de TOROCK pour cette affaire, puis Melle BRANDT lui proposa d'entrer à la gestapo, il accepta mais en dehors de ses fonctions d'interprète il continua à être indicateur; à partir de ce moment le S.D. comprit, outre ceux que je connaissais déjà : BRESSON, SAUTAREL et VERGNIERES.

AFFAIRE DISS

En mars 1944, un dénonciateur se présenta chez BRANDT et dénonça DISS qui était en traitement dans une salle militaire de l'Hôtal. Le lendemain ROQUES de la milice alla l'arrêter et nous le conduisit; son interrogatoire que je fis fut sans intérêt. En Allemagne, BRANDT remis 100 francs au dénonciateur et cet homme ne revint plus.

AFFAIRE DE L'O.R.A.

Lors des raâfles qui suivirent l'attentat de la rue Montlosier, le Commandant CLAUZEL alias BARTOLI, chef départemental de l'O.R.A. avait été arrêté. KALTSEISS l'avait brutalisé mais n'avait obtenu aucun résultat. L'affaire fut classée. Or, vers le 20 mars, un samedi soir un indicateur de la brigade BATISSIER de Vichy se présenta au S.D., déclara qu'il était sur la piste d'un des chefs de l'O.R.A., un officier d aviation et qu'il savait où l'arrêter. En compagnie de VERGNIERES, ce jeune indicateur appréhenda cet officier dans un café du voisinage de la place Gaillard. Conduit au service il fut interrogé par BRANDT et révéla qu'il s'appelait le Capitaine DEGOMY alias DARTOIS des M.U.R. qu'il avait rendez-vous le lendemain chez un agent de liaison le nomm BAUDRY Ulysse, étudiant à la Faculté de Strasbourg, habitant rue des Chambrettes. Cet étudiant fut arrêté en compagnie de sa soeur et d'u camarade nommé MARGROF que j'avais laissé échapper lors de la râfle l'Université. Interrogé BAUDRY nous apprit qu'il était

folio 37

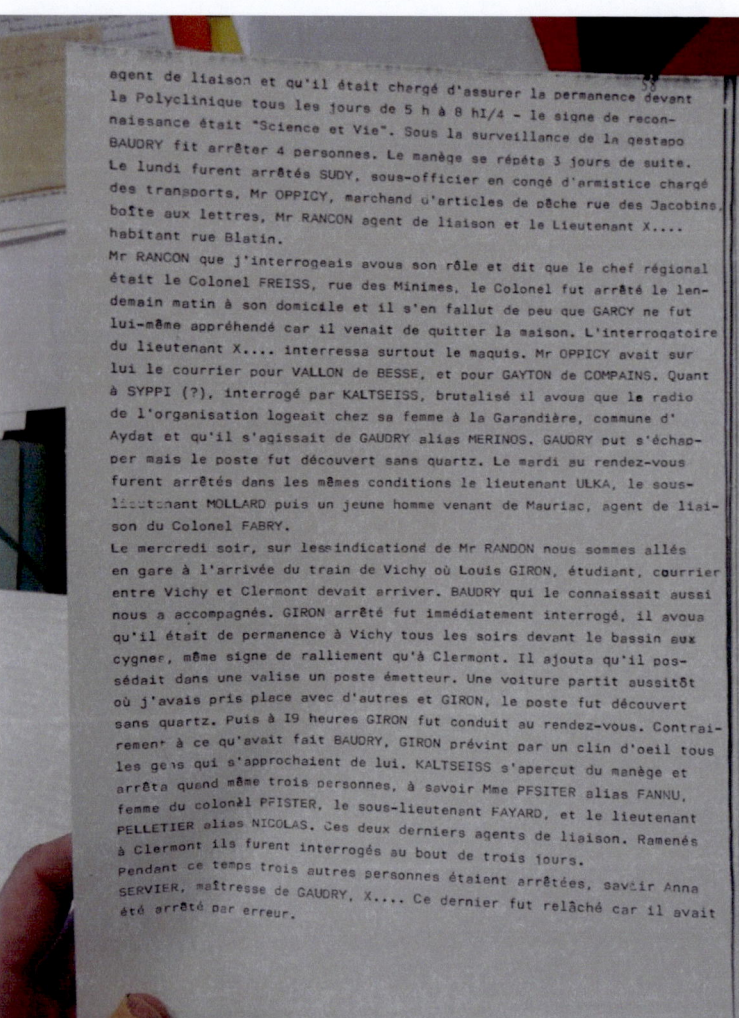

agent de liaison et qu'il était chargé d'assurer la permanence devant la Polyclinique tous les jours de 5 h à 8 hI/4 - le signe de reconnaissance était "Science et Vie". Sous la surveillance de la gestapo BAUDRY fit arrêter 4 personnes. Le manège se répéta 3 jours de suite. Le lundi furent arrêtés SUDY, sous-officier en congé d'armistice chargé des transports, Mr OPPICY, marchand d'articles de pêche rue des Jacobins, boîte aux lettres, Mr RANCON agent de liaison et le Lieutenant X.... habitant rue Blatin.

Mr RANCON que j'interrogeais avoua son rôle et dit que le chef régional était le Colonel FREISS, rue des Minimes, le Colonel fut arrêté le lendemain matin à son domicile et il s'en fallut de peu que GARCY ne fut lui-même appréhendé car il venait de quitter la maison. L'interrogatoire du lieutenant X.... interressa surtout le maquis. Mr OPPICY avait sur lui le courrier pour VALLON de BESSE, et pour GAYTON de COMPAINS. Quant à SYPPI (?), interrogé par KALTSEISS, brutalisé il avoua que le radio de l'organisation logeait chez sa femme à la Garandière, commune d'Aydat et qu'il s'agissait de GAUDRY alias MERINOS. GAUDRY put s'échapper mais le poste fut découvert sans quartz. Le mardi au rendez-vous furent arrêtés dans les mêmes conditions le lieutenant ULKA, le sous-lieutenant MOLLARD puis un jeune homme venant de Mauriac, agent de liaison du Colonel FABRY.

Le mercredi soir, sur les indications de Mr RANDON nous sommes allés en gare à l'arrivée du train de Vichy où Louis GIRON, étudiant, courrier entre Vichy et Clermont devait arriver. BAUDRY qui le connaissait aussi nous a accompagnés. GIRON arrêté fut immédiatement interrogé, il avoua qu'il était de permanence à Vichy tous les soirs devant le bassin aux cygnes, même signe de ralliement qu'à Clermont. Il ajouta qu'il possédait dans une valise un poste émetteur. Une voiture partit aussitôt où j'avais pris place avec d'autres et GIRON, le poste fut découvert sans quartz. Puis à 19 heures GIRON fut conduit au rendez-vous. Contrairement à ce qu'avait fait BAUDRY, GIRON prévint par un clin d'oeil tous les gens qui s'approchaient de lui. KALTSEISS s'aperçut du manège et arrêta quand même trois personnes, à savoir Mme PFSITER alias FANNU, femme du colonel PFISTER, le sous-lieutenant FAYARD, et le lieutenant PELLETIER alias NICOLAS. Ces deux derniers agents de liaison. Ramenés à Clermont ils furent interrogés au bout de trois jours.

Pendant ce temps trois autres personnes étaient arrêtées, savoir Anna SERVIER, maîtresse de GAUDRY, X.... Ce dernier fut relâché car il avait été arrêté par erreur.

Le jeudi, le même Kommando retournait à Vichy dans le but d'arrêter deux agents de liaison du Colonel ZELLER, grand chef de l'O.R.A. Alertés personne ne se présenta au rendez-vous. Cette opération amena l'arrestation d'une vingtaine de personnes. L'O.R.A. dans la région de Clermont était pratiquement anéantie. De plus, les perquisitions amenèrent la découverte d'archives importantes, notamment chez DEGOUY, ainsi que tout le matériel de faux papiers, d'armes, de véhicules, de postes émetteurs, heureusement sans quartz.
Toutes les personnes furent envoyées au camp de concentration n° 1, deux purent s'échapper : le Lieutenant FAYARD et le Lieutenant PELLETIER qui s'évadèrent à Vitry le François, le lieutenant MOLLARD donne des renseignements et des noms mais aucun d'eux ne furent arrêtés.
L'interrogatoire de CLAUZEL avait été repris, et il conseilla à tous les membres de son organisation de parler plutôt que de se taire puisque tout était anéanti. BLUMENKAMPF en remerciement proposa de faire libérer CLAUZEL, mais GEISSLER refusa en lui appliquant un régime de faveur. J'ai omis de dire que DARTOIS avait parlé d'un nommé LEGAY habitant rue Drelon. Celui-ci arrêté partit en Allemagne.

AFFAIRE DE PRONDINES

Au mois de février, 2 individus étaient arrêtés au Bar Trapon, sur la dénonciation de la maîtresse de GAUSSENS et livrés à la gestapo. Il s'agissait de BOURDELAS Jean alias JO, ancien chef du maquis de Prondines, et de NOMEN André, ancien maquisard dans le même lieu; Ils furent interrogés et déclarèrent qu'ils étaient maquisards et fournirent la liste des maquis de Prondines. BOURDELAS fournit des renseignements supplémentaires sur les effectifs, l'armement et la surveillance des camps. Chaque camp comprenait une douzaine d'hommes avec un fusil mitrailleur pour chaque camp. Quant aux chefs il nomma le Dr MABRUT, HUGUET et différents membres des M.U.R., notamment FAUGERES et X..... meunier à PONTAUMUR.
BOURDELAS avait également parlé des maquis de Bourg-Lastic et avait désigné leur emplacement sur une carte. Au mois de mars, lors de l'affaire de l'O.R.A., l'arrestation du Lieutenant X.... attira de nouveau l'attention sur les régions signalées par BOURDELAS. Fin mars BLUMENKAMPF prépara un projet englobant les maquis de Prondines et de Bourg-Lastic. On effectua, en raison des moyens de transport, que celui de Prondines. L'avant veille du jour fixé pour l'action, l'Intendant de Police MAYADE prévint BLUMENKAMPF qu'il devait faire exécuter le lendemain par la milice et le G.M.R. une action contre le maquis de CLAVEIX (Cisternes-la-Forêt). Il lui fut répondu que cette opération se ferait par la police allemande.

Affaire MATIEU et autres

CLERMONT-FERRAND

Le 16 septembre 1944

PHILIS Henri, Chef de la Brigade de surveillance du territoire, assisté des inspecteurs BILLOUX et GAILHAUD, interrogeons le nommé MATIEU Georges, âgé de 24 ans, ex-militaire de carrière, demeurant 16 rue de Strasbourg à Clermont-Ferrand, qui déclare :

Je me nomme MATIEU Georges Victor, je suis né le 28 avril 1920 à Clermont-Ferrand de feu Victor et de GIRAUDON Alice. Je me suis marié le 19 décembre 1943 avec GUIROT Christiane. Je suis père d'un enfant âgé de 3 mois.

Me destinant au métier des armes, je suis entré à l'Ecole de Saint-Cyr d'où j'ai démissionné en juillet 1941 à la suite des circonstances sur lesquelles je reviendrai. Je suis domicilié chez ma grand-mère, 16 rue de Strasbourg à Clermont-Ferrand.
Outre mon diplôme de bachelier, je suis titulaire de 3 licences.

Je n'ai subi aucune condamnation.

Appartenant à la classe 40, 2ème contingent, je n'ai pas été mobilisé durant la guerre 39-40.

En 1937, mon père, militaire de carrière était intendant de 1ère classe à VERDUN où il demeurait avec ma mère, 5 rue Mautrets. Je poursuivais à cette époque mes études de mathématiques spéciales au Lycée Henri Poincaré à Nancy et venait voir mes parents.

Mon père étant décédé au début de l'année 1937, j'ai poursuivi mes études jusqu'en 1939, ou plus exactement jusqu'à la déclaration de la guerre, date à laquelle je suis venu à Clermont-Ferrand avec ma grand-mère. Madame GIRAUDON habite dans cette ville, 38 avenue Charras, elle est originaire de Clermont ainsi que ma mère.

En mai 1940, ayant préparé Saint-Cyr, j'étais reçu au concours et nommé à cette Ecole le 1er décembre 1940, laquelle Ecole était repliée à Aix-en-Provence. J'ai donné ma démission de cette Ecole en juillet 1941, ainsi que je le dis plus haut.

En novembre 1941, je me suis fait inscrire à la Faculté de Droit et à la Faculté de Lettres de Strasbourg à Clermont-Ferrand, où je demeure avec ma mère, 16 rue de Strasbourg.

C'est ainsi qu'en mars 1944, en un peu plus d'une semaine, la milice française arrête vingt résistants de l'ORA à Clermont-Ferrand. Ils sont tous torturés. Sous la torture certains résistants parlent : le chef régional de l'ORA, le colonel Freiss étant arrêté, l'ORA du massif central est décapitée et presque entièrement démantelée. La plupart de ces résistants de l'ORA vont mourir sous la torture ou en déportation. Les miliciens français, acteurs de ces arrestations et tortures, sont jeunes, entre 23 et 26 ans : Georges Mathieu, étudiant, a été résistant quelques temps début 1942 mais très vite il est « retourné » par la gestapo allemande à qui il livre plusieurs maquis. Pendant un an et demi il a quotidiennement torturé, violé, assassiné des résistants au « 92 » prison de la gestapo à Clermont Ferrand installée dans les bâtiments du 92° bataillon d'infanterie de l'ancienne armée française.

Les deux sinistres frères Vernières, Jean et Gérard, ont moins de 25 ans, et sont fils de pharmacien catholique traditionaliste anti républicain antisémite et anti communiste. Gerard Vernières appartient au PPF. Leurs convictions antisémites et anticommunistes les font agir pour le pire depuis le début de la guerre, ils participent auprès de Georges Mathieu à de nombreuses tortures, et nombreux viols et assassinats. Louis Bresson est un personnage trouble : résistant peu de temps il se livre aux allemands qui l'intègre à la gestapo : bien que désigné au métier de chauffeur, il commet lui aussi de nombreux actes de tortures ainsi que Paul Sautarel, chauffeur mécanicien, qui participe lui aussi aux tortures.

Le tortionnaire Jean Vernières à son procès en octobre 1944 à Clermont-Ferrand. Condamné à mort il est fusillé en décembre 1944

Extrait d'un article de Jean-Paul Gondeau paru dans le journal La Montagne le 20 août 2014 :
« *Avec Jean Vernières, fusillé à la fin 44, on touche le tréfonds de l'abjection. Cet agent clermontois de la Gestapo tortura, assassina, viola… A son procès, il invoquera des « raisons politiques ». Mais au regard du sadisme de ses crimes, comment l'entendre, encore moins le comprendre ? Devant la cour de justice de Clermont, Jean Vernières parle sans embarras, d'une voix posée, appliquée, avec la politesse apprêtée du jeune homme bien né.* « *Vous vous souvenez d'avoir torturé ma belle-*

fille, de lui avoir arraché les cheveux et les ongles ? » l'accuse la mère d'un maquisard qu'il a fait déporter. « Mais certainement madame », répond ce garçon de 23 ans au physique de gendre idéal, fils de pharmaciens clermontois.

« C'était le plus cruel de tous », assurera un témoin sauvagement battu à coup de fouet plombé. Il fait allusion à trois autres complices de Vernières qui seront jugés à la même période, entre novembre et décembre 44 : Georges Mathieu, Louis Bresson et Paul Sautarel. Le quatuor n'a pas 24 ans de moyenne d'âge et forme le Sonderkommando de Clermont, police supplétive des Allemands qui a pignon sur rue, au 8 de l'avenue de Royat, proche du tristement célèbre n° 2 où de nombreux résistants furent torturés à mort. Eux se montrent dignes de leurs aînés gestapistes en violant selon leurs dires « une vingtaine de femmes ». On dit même que Geissler, l'impitoyable patron de la Gestapo régionale, aurait été ébahi par la brutalité de Mathieu. »

En mars 1943 la milice française de Vichy et Clermont-Ferrand a porté un coup presque fatal à l'ORA du Massif central.

Que va-t-il advenir des résistants du barrage de l'Aigle dirigés par André Decelle de l'ORA ?

Le 28 mars 1944, lorsqu'il est arrêté, Pierre ignore l'étendue de toutes ces arrestations mais sa détermination à résister est totale. Enfoui dans la traction, encadré par les deux agents de la gestapo le jeune Pierre est emmené au commandement de la gestapo à Chamalières. Là il patiente de longues heures. Durant cette interminable attente il réalise qu'il va devoir se taire quoi qu'il arrive et mesure parfaitement le désastre en cascade que pourrait provoquer ses propos s'il parlait d'une quelconque manière du réseau de résistance du barrage de l'Aigle. Il se fait la promesse de ne jamais trahir André Decelle et son réseau. Il lui est très reconnaissant de l'avoir recueilli quand il cherchait la clandestinité et ne savait pas où aller pour échapper au STO. Il n'imagine pas une seule seconde mettre en péril le commandant Didier et tous les hommes qui l'accompagnent dans les actions de lutte contre l'occupation allemande et la préparation d'actions armées pour la libération. Bien que très jeune, Pierre devine les dangers des futurs interrogatoires, seul face à lui-même, Il sait qu'il peut mourir. Dans sa solitude et sa jeunesse, Pierre, 22 ans, déterminé, endurci, courageux, sait qu'il est prêt à mourir plutôt que de trahir. Durant cette longue attente à la gestapo, il demande à aller aux toilettes : là, il va déchirer en tout petits bouts les documents pouvant identifier le barrage de l'Aigle. Il va ensuite les avaler méticuleusement. Ne laisser aucune trace du barrage de l'Aigle…surtout aucune trace… Il ne garde dans sa sacoche que des renseignements techniques généraux sur l'hydroélectricité qui vont lui permettre de « jouer les imbéciles » au cours de l'interrogatoire qui s'annonce. Il sait qu'il va devoir jouer jusqu'au bout le rôle du « documentaliste-borné-en hydroélectricité ». Lors du premier interrogatoire il affirme donc ne rien comprendre et être venu à Clermont Ferrand en tant que documentaliste-hydraulicien pour transmettre des informations techniques sur l'hydroélectricité : le contenu de sa sacoche en atteste. Quelques violents coups de poings dans la figure essaient de le faire changer d'avis, mais...

Non ...non vraiment ... Pierre n'a rien à dire...

A l'issu de cet interrogatoire musclé il est transféré à la prison de Clermont-Ferrand installée dans l'ancienne caserne militaire. Il est détenu avec plusieurs autres prisonniers dans une grande cellule collective où se côtoient de nombreux résistants de la région Auvergne : notaire, apiculteur, militaire, vieux vicomte, ouvrier, étudiant, agriculteur .... Ses compagnons de cellule sont de tous horizons. Il va subir dans cette prison, de nombreux interrogatoires menés par un certain Georges Mathieu, agent français de la gestapo, qui lui ordonne de se déshabiller complétement et le frappe avec une matraque et avec ses poings. Souvent attaché nu à une chaise, assis, ou courbé tête en avant Pierre est frappé à de nombreuses reprises jusqu'au sang par Mathieu et ses trois adjoints zélés, Bresson et les deux frères Vernières. Il est remis en cellule souvent inconscient mais jamais il ne parle. Mathieu soupçonne un réseau de résistance et veut savoir qui l'envoie à Clermont-Ferrand. Mathieu est dans l'erreur : il croit qu'un groupe de résistants veut « faire sauter » le barrage de l'Aigle. Enorme contresens, la gestapo ignore que le barrage de l'aigle est le lieu même de la résistance ! Malgré la torture, jamais Pierre ne parle. Il continue inlassablement à faire « l'idiot-documentaliste-en-hydroélectricité ». A cette période il sait qu'il peut mourir :

mais quoi qu'il arrive, il s'est fait la promesse de ne pas parler, de ne pas trahir.

L'un de ses compagnons de cellule Albert Bannes , (*environ 30 ans*) jeune pilote de l'armée de l'air, tente de veiller sur lui. Ce jeune militaire n'est pas soumis, pour le moment, aux mêmes atrocités, peut-être son statut de militaire le protège-t-il encore un peu. Il veille sur Pierre comme il peut, avec bienveillance. Pierre Jacquin est maltraité, questionné, torturé pendant de longs jours. Il ne se souvient plus combien. Albert Bannes lui restitue sa mémoire en 1990 lorsqu'ils se retrouvent autour de l'historien André Sellier pour l'écriture d'un livre sur le camp de déportation de Dora. Albert Bannes lui rappelle alors que son incarcération et ses tortures à Clermont-Ferrand ont duré un mois et qu'il revenait souvent inconscient des interrogatoires. Un jour, lui précise Albert Bannes, il est revenu avec le visage marqué de nombreuses traces verticales qui le défiguraient du front au menton. Durant ce mois de détention Pierre Jacquin est souvent inconscient après les violences subies au cours des interrogatoires menés par ces sinistres français miliciens.

La grande disparition

Au bout d'un mois, sans explication, sans doute persuadé qu'il ne tirera rien de ce « documentaliste-idiot », le tortionnaire Mathieu livre le prisonnier Pierre Jacquin aux Allemands qui l'expédient au camp de transit de Compiègne. Pierre Jacquin et Albert Bannes sont transférés à Compiègne séparément. Le transfert de Clermont-Ferrand à Compiègne s'effectue dans des trains de voyageurs en compartiment, menotté, encadré par des gendarmes français.

Au camp de Compiègne Pierre, né à Besançon, retrouve des bisontins *(habitants de Besançon)*. Un aristocrate âgé originaire du Doubs a reçu un colis : il le partage avec les quelques bisontins présents. Ce partage est précieux pour tenter de calmer les douleurs du corps et de l'esprit. Tout le monde parle de l'Allemagne avec grande inquiétude. Quand ? Vers où ?
L'Allemagne est si vaste …

Le jour du départ la destination est toujours inconnue. Les derniers signes de vie vont joncher nonchalamment le ballast : comme de nombreux déportés, Pierre jette vers le quai depuis le wagon un message écrit sur un petit bout de papier, le seul dont il pouvait disposer, du papier toilette. Dernière et dérisoire tentative pour communiquer avec ceux qui leur sont chers. Les cheminots de Compiègne ont l'habitude de ramasser ces fragiles missives après le départ des trains de déportés. Entassés dans les wagons, de nombreux déportés lancent vers le quai ces fragiles papiers, comme une bouteille à la mer, et tentent ainsi de laisser une ultime trace de vie.

L'étrange et frêle message de Pierre arrivera à destination à Besançon chez Jacqueline Boyer, son amoureuse ; une petite écriture fine et régulière recouvre cette humble feuille de hasard jetée avant le grand départ : quelques mots d'un amour solide mêlés à l'angoisse de partir vers l'Allemagne sans savoir où.
« *Nous partons vers l'Allemagne mais ne savons pas vers quelle destination* » sa petite écriture remplit l'intégralité du petit bout de papier. Elle se faufile en horizontal et vertical occupant tout l'espace de cette triste petite feuille. Tout dire, communiquer encore et encore avec celle qui compte le plus au monde pour lui. Réaffirmer son amour pour mieux revenir, indiquer qu'il est en vie, lui qui a disparu depuis déjà plusieurs mois.

« Préviens mes parents » précise Pierre, 23 ans.
Ma mère a conservé cette petite lettre et me l'a montrée en 1975.

Fin mai 1944, Jacqueline ira timidement informer les parents de Pierre qu'elle ne connaît pas. L'échange sera bref et triste. Ce message est le tout dernier signe de vie de celui qui va disparaître et devenir 49647. Plus personne n'entendra parler de lui, l'absence sera totale.

De Compiègne Albert Bannes et Pierre Jacquin sont déportés à Buchenwald dans un sinistre train de wagons à bestiaux entassés debout avec une centaine d'autres déportés : dans le wagon où se trouve Pierre ils sont 106 exactement, convoi du 12 mai 1944. Certains racontent qu'après Lunéville le train est ralenti par une côte : « c'est à ce moment- là qu'il faut tenter une évasion » affirment ceux qui veulent s'enfuir. Après quelques heures d'épuisement, de promiscuité et sueur le train ralentit effectivement et s'arrête. Les plus téméraires sont bien décidés à ouvrir la porte du wagon mais soudain des hurlements en allemand et des rafales de mitraillettes tétanisent les plus hardis. Finalement la porte du wagon ne s'ouvre pas et le train repart lentement très lentement. La nuit va apporter les premières saillies de folie dans cet espace confiné, sale. Les centaines de corps sont imbriqués les uns dans les autres dans une souffrance totale, l'air est vicié et rare. Parfois la respiration s'arrête. Le train s'immobilise dans quelques gares allemandes, des hurlements, des appels au secours jaillissent des wagons. *« au secours nous mourons » « on a soif de l'eau nous mourons »* Le silence est la seule réponse. Après deux jours d'un voyage effrayant épuisant insoutenable les déportés arrivent à destination : l'inconnu. Dans le wagon plusieurs compagnons sont morts dont le Général Leune de l'ORA. Le général Verneau chef national de l'ORA est aussi dans le wagon et décèdera à l'arrivée au camp de

Buchenwald. D'autres ont perdu la raison, d'autres, comme Pierre, sont inconscients.

Au barrage de l'Aigle sur la Dordogne entre Corrèze et Cantal, à l'annonce de l'arrestation de Pierre Jacquin, André Decelle est naturellement très inquiet. Il arrête provisoirement toute activité clandestine craignant les tortures infligées à Pierre et leurs éventuelles conséquences. Quelques semaines passent et force est de constater que le réseau du barrage est toujours ignoré des Allemands et de la gestapo. Enfin sur le chantier les résistants apprennent que Pierre a été transféré à Compiègne, puis l'information capitale leur parvient : « Jacquin n'a pas parlé ».

Les activités clandestines du barrage reprennent : les parachutages d'armes venues d'Angleterre peuvent à nouveau avoir lieu la nuit. Decelle-Commandant-Didier et son réseau organisent et réalisent des actions de sabotages et de combats remarquables pour libérer l'Auvergne et ralentir les troupes allemandes massées à Bordeaux qui tentent de remonter vers la Normandie après le débarquement du 6 juin 1944.

André Decelle n'oubliera jamais ce que ces actions doivent au courage de Pierre Jacquin, il reprendra contact avec lui après la guerre. Un lien amical les unira toute leur vie.

Archives Arolsen : fiche d'enregistrement à Buchenwald 14 mai 1944

L'arrivée à Buchenwald

Parti de Compiègne le 12 mai, l'arrivée à Buchenwald de Pierre a lieu le 14 mai 1944 en fin de journée. L'ouverture de la porte du wagon et l'air froid qui s'engouffre dans ce petit espace confiné réveillent Pierre qui avait sombré dans l'inconscience. Il y a des morts dans le wagon. Certains déportés ont perdu la raison. Les Allemands hurlent des ordres et des insultes, les chiens et les gummi (*matraques SS*) mordent et frappent.

Archives Arolsen : Buchenwald liste d'habits à l'arrivée
1 paire de chaussettes, 1 manteau, 1 chemise, 2 slips.

Dans le camp de quarantaine de Buchenwald, (nommé le « petit camp »), les déportés sont rasés sur tout le corps et désinfectés en étant plongés dans un réservoir de liquide marron répugnant.
Pierre devient 49 647.

Au petit camp de Buchenwald, une rumeur s'échange discrètement : « tentez de ne pas aller à Dora, là-bas c'est encore pire qu'à Buchenwald ». Le camp de Dora est appelé « Dora la mort ». Au bout de quelques jours, Pierre Jacquin fait partie d'un convoi pour Dora.

Tentative d'évasion

Avant d'être envoyé à Dora, Pierre est affecté à Wieda, un camp satellite de Buchenwald, où les déportés font des travaux de terrassement. Pierre ne pense qu'à une chose : s'évader. Pour ce projet d'évasion, il s'associe à un déporté bisontin dénommé Moutel. Ce camarade de misère est plus âgé et costaud que Pierre. Jacquin, lui, parle très bien l'allemand, tous deux se sentent complémentaires. Ils vont échanger pendant plusieurs jours leur ration d'alimentation contre des habits civils que peuvent leur fournir d'autres déportés. Le 1 juillet 1944, ils enfilent les habits civils sous leur rayé. Ils travaillent dehors au terrassement à proximité de la gare d'Osterhagen, le soleil brille dans un ciel d'azur. Un de leurs gardiens SS s'éloigne « pour pisser » ils en profitent pour s'enfuir en courant à travers un champ de blé. A son retour le gardien s'aperçoit de la fuite en retrouvant le rayé que Moutel a laissé au bord du chemin. L'alerte est donnée. Hurlements et chiens se déchaînent. Des gardiens aperçoivent une trace laissée dans le champ de blé : ils s'engouffrent dans cette trace, persuadés d'y retrouver très vite l'homme qui a abandonné son rayé. Les chiens se précipitent sur le fuyard, et attrapent un jeune homme... en rayé. Fureur décuplée des SS : il n'y a donc pas un évadé mais deux ! Pierre Jacquin, qui a encore son rayé, est arrêté brutalement : les gardiens et les chiens allemands sont fous et s'acharnent sur ce déporté qui a tenté de s'enfuir.

Moutel est rattrapé quelques jours plus tard. Il a erré la nuit dans la campagne allemande, il ne parle pas un mot d'allemand, épuisé il marche la nuit et dort le jour se cachant où il peut. Mais un matin très tôt, affamé, il s'approche de Göttingen, espérant y trouver quelque chose à manger. Dans ce petit matin de souffrance, il est aperçu par un « bon allemand » qui jardine au cœur de l'été. Le germanique s'adresse à Moutel qui, ne comprenant pas un mot d'allemand, ne répond pas et s'éloigne rapidement. Le crâne rasé et l'allure épuisée de Moutel incitent ce « bon allemand » à prévenir la police qui le ramène au camp de Dora. Il est enfermé au bunker (*prison du camp*).

Pierre Jacquin, lui, arrêté quelques minutes après sa tentative d'évasion, est exposé sur une table à l'entrée du camp de Wieda avec « la strasse » *(la rue)* sur la tête. Il s'agit d'une tonsure extrême au milieu du crâne qui identifie les condamnés à mort. Il est exposé ainsi sur une table à l'entrée du camp pour dissuader les autres déportés de faire une tentative d'évasion. Après cette longue exposition humiliante effrayante et épuisante, un gradé SS ordonne à un gardien d'emmener le prisonnier et de l'abattre. Le gardien est un soldat de la Luftwaffe *armée de l'air allemande,* il est jeune, comme Pierre. L'allemand emmène le prisonnier dans une petite cabane pour l'exécution prend son arme et s'apprête à tirer. Pierre se met alors à genoux et supplie son bourreau en allemand de ne pas le tuer. Jacquin parle très bien l'allemand : il s'exprime en hochdeutsh « allemand littéraire » tandis que le gardien SS parle avec un fort accent rustique bavarois. Pierre Jacquin lui dit : « Ich bin ein soldat wie Sie » *je suis un soldat comme vous*. Cette phrase suspend le temps : le soldat allemand range son arme. A Wieda plusieurs gardiens sont de jeunes soldats de la Luftwaffe, armée de l'air allemande, ils sont soldats mais pas SS. Pierre qui vient d'échapper d'extrême justesse à la mort, est envoyé à la prison du camp de Dora « le bunker » où il sera interné trois longs mois. *Cf archives Arolsen*

Le Bunker fait office de prison dans le camp : « Prison » pourrait laisser entendre qu'il y ait eu des condamnations et donc des jugements et une justice dans le camp. Mais ce n'est qu'une illusion de justice. Les nazis pratiquaient dans les camps ces faux noms pour certains lieux : kino pour un cinéma qui n'existait pas, revier pour une infirmerie qui n'était qu'un quartier des malades synonyme de mouroir, et bunker pour une illusion de prison. Dans la réalité le bunker était un lieu où les déportés étaient livrés aux tortures et à la violence des pires SS souvent alcoolisés. L'entrée et la sortie de bunker ne correspondaient à aucune règle, les déportés y étaient maltraités, la plupart mourraient sous les coups ou étaient pendus devant le bunker. Ceux qui survivent sont parfois affectés aux pires besognes dans le camp.

Ce fut le cas de Pierre qui a été affecté le 27 septembre 1944 au strafkommando, le commando spécial « des punis », des pires besognes, des pendus pour l'exemple. Ils portaient sur leur rayé le Fluchtpunkt cible rouge sur fond blanc pour les fusils allemands. *cf archives Arolsen*

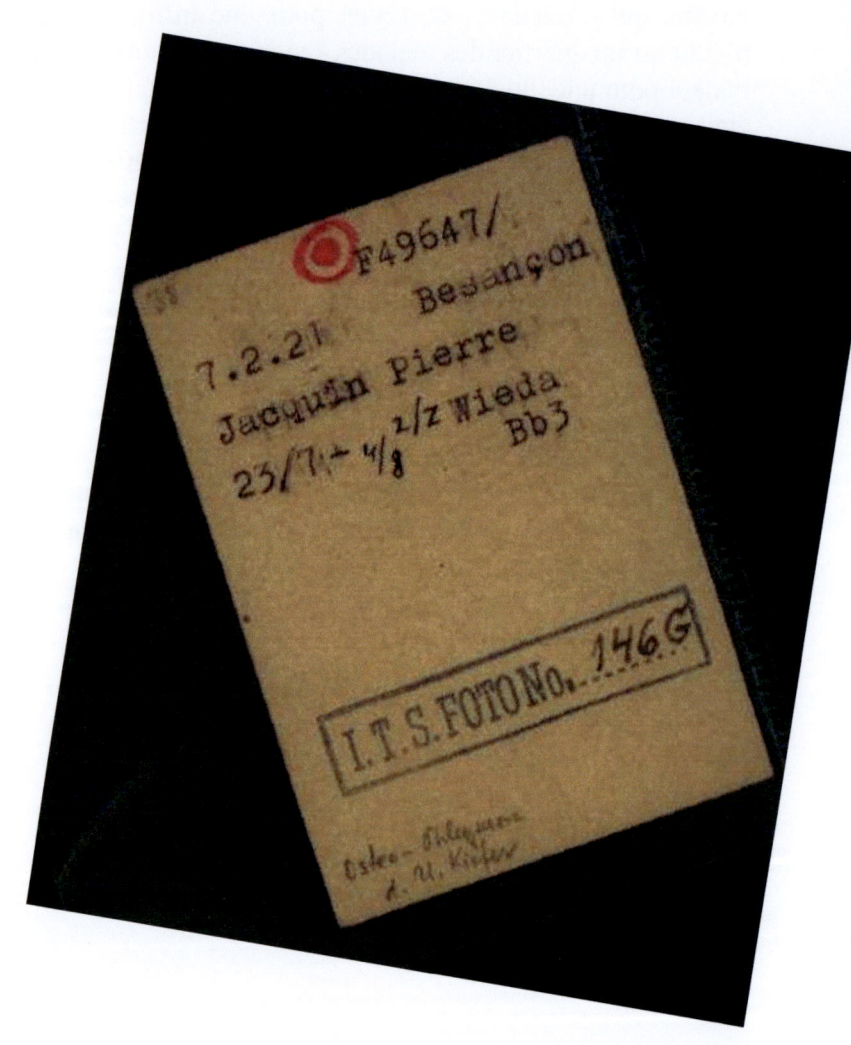

Archives Arolsen :
Fluchtpunkt Strafkommando

Archives Arolsen : affectation à Dora

Archives Arolsen : Buchenwald 1944

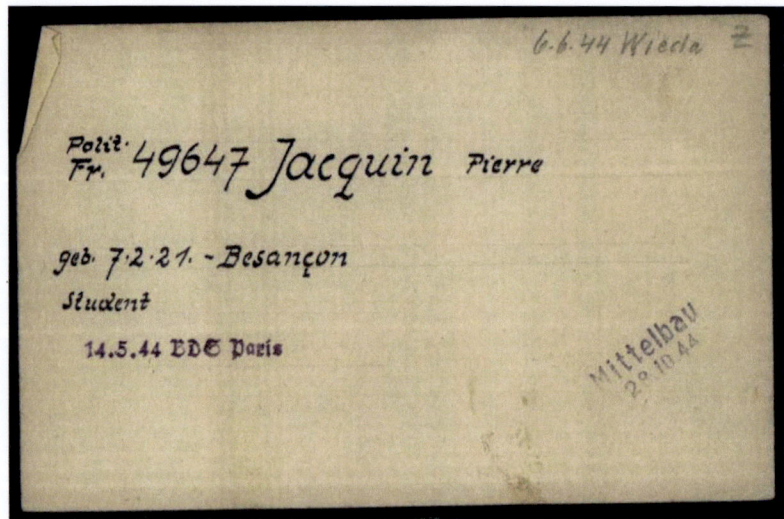

Archives Arolsen : arrivée Buchenwald 14 mai 1944
affectation à Wieda le 6 juin 1944

Le bunker de Dora

Trois mois de bunker (*juillet août septembre 1944*) : au début le bunker est en construction. Pierre est tout d'abord enfermé dans une cellule collective où les prisonniers doivent rester debout toute la journée, les mains attachées dans le dos. S'y trouvent plusieurs prisonniers allemands, beaucoup sont communistes et emprisonnés depuis de longues années. D'autres nationalités sont représentées notamment un très jeune berger yougoslave qui pleure souvent. Il porte un triangle rose désignant les homosexuels, il tremble pleure beaucoup et ne parle pas allemand. Ce jeune berger partage avec Pierre une vieille couverture pour protéger leurs pieds du froid pendant la nuit, ébauche de camaraderie dans cet univers d'horreur. Un jour, sans prévenir et sans explication, un gardien SS désigne ce berger yougoslave et l'emmène. Il est pendu, avec d'autres, dans les minutes qui suivent devant le bunker. Pierre et ses compagnons de cellule observent terrifiés par une petite fenêtre grillagée cette exécution collective.

Chaque jour l'un des gardiens, toujours le même, vient dans la cellule collective. Une sorte de préposé à la violence extrême. Il ôte sa montre : c'est le sinistre signal, il va choisir un prisonnier et lui « casser la gueule ». Le jour arrive ou l'ignoble choix se porte sur « *der Franzose* » *le français* : Jacquin 23 ans. Les coups violents se succèdent à la tête. Pierre tombe au sol à plusieurs reprises, le SS le relève et approche son visage de la tête de sa victime. Il plante ses petits yeux dans le regard de sa proie. Pierre se souvient de son visage hideux, haineux rouge et transpirant. Les coups douloureux s'enchaînent à un rythme infernal. La mâchoire est la cible privilégiée du bourreau. La violence est interminable. Après de nombreuses insultes et plusieurs rafales de coups de poing le SS abandonne le déporté au sol.

Le lendemain la mâchoire de Pierre est douloureuse et très enflée. Une fièvre forte et violente accompagne des douleurs intenses et un état quasi inconscient. Fritz, prisonnier allemand, présent dans la cellule collective tente de veiller sur lui. Il supplie à plusieurs reprises un gardien SS d'emmener Pierre au Revier (*infirmerie du camp*). Après de longues heures, sa demande finit par aboutir : la blessure au visage de Pierre devient malodorante.

Au revier, le docteur Girard, déporté français, d'environ soixante ans, accueille les prisonniers qui lui sont amenés et tente de les soigner avec les moyens du bord. Les outils médicaux dont il dispose sont dérisoires. Pour Pierre, Il incise avec un couteau de cuisine sous la mâchoire afin d'évacuer le pue, un flegmon énorme s'était formé. Au milieu de toutes ces souffrances la douleur n'existe pas, n'existe plus. Le docteur Girard pose ensuite un drain avec du papier journal.
Dérisoire chirurgie …Néanmoins, d'après Pierre, ces deux gestes lui ont momentanément sauvé la vie.

Le docteur Girard n'est pas revenu de Dora, il est mort en déportation. Fritz, déporté communiste allemand a été pendu avec neuf autres communistes allemands « pour l'exemple » sur la place centrale du camp de Dora quelques jours avant l'évacuation du camp.

Archives Arolsen :
fiche de passage au revier 4 juillet , 21 juillet, 22 juillet, 10 août 1944

Après une journée au revier, Pierre est renvoyé au bunker, avec son drain en papier journal et sa fièvre. Les travaux du bunker étant achevés, Il est mis dans une petite cellule sans fenêtre qu'il doit partager avec trois autres déportés : un Polonais gravement bléssé, un tchèque et un russe prisonnier de droit commun, triangle vert. Ce détenu russo ukrainien, prisonnier de droit commun, regrette la prison de Dniepropetrovsk où, d'après lui, les conditions étaient meilleures. Il bouscule souvent le jeune Pierre qu'il accuse de puer du fait de sa large blessure à la mâchoire et de son pansement bricolé. Le russe traite Pierre de « *musulman* », insulte majeure entre déportés qui désignait ceux d'entre eux qui allaient mourir dans les prochains instants. « *Du musulman du krématorium* » répète ce déporté russe à Pierre qui est dans un tragique état. La cohabitation avec ce prisonnier russe est très pénible. Attachés dos à dos, dans cette minuscule cellule les journées sont faites d'insultes brimades et bousculades de la part de ce « triangle vert ». Le russe exige qu'on le débarrasse « du français » son puant compagnon de cellule. Au bout de plusieurs jours le russe est emmené par des gardiens SS vers un destin inconnu.

Pierre a plus d'affinités avec le détenu tchèque, un militaire blessé : Lubomir Hanak 28 ans. Ce dernier propose, pour combattre le temps, que chacun d'eux raconte leur ville respective. Ils se parlent en français et en allemand. Les deux prisonniers, bien que très mal en point tous les deux, vont se parler ainsi pendant des jours et des nuits, de Besançon et Prague dans les moindres détails. Affaiblis, attachés, gravement blessés tous les deux, ils vont pratiquer « l'évasion mentale » afin de survivre. Le militaire tchèque est un homme bienveillant et cultivé qui décrit l'histoire la géographie l'architecture de Prague avec clarté et précision. Pierre raconte aussi sa ville avec beaucoup de détails. Des points communs vont bientôt unir Prague et Besançon : les fleuves et leurs rives La Vtlava et Le Doubs, les collines environnantes, les beautés d'un climat neigeux et glacial en hiver, l'histoire militaire, l'horlogerie et les cathédrales … Au milieu de leurs souffrances physiques intenses et d'une promiscuité qui les enchaîne, les deux déportés se soutiennent, leur communion, leur entraide est totale, jusqu'à ce qu'un SS les sépare définitivement. Pierre Jacquin n'est jamais allé à Prague. A la fin de sa vie il dit : « je n'ai pas besoin d'aller à Prague, c'est une très belle ville, je la connais parfaitement. » Plusieurs décennies après la guerre, Pierre retrouvera le nom de son compagnon tchèque au bas d'un article écrit dans le journal « Le Monde ». Etait-ce lui ou un homomyme ? Il ne le saura jamais. Malgré les sollicitations de son épouse, Pierre n'aura pas l'envie de contacter le journal. Impossible pour lui de renouer avec ce passé …

Mes recherches dans les archives du journal Le Monde m'ont permis de retrouver l'article de Lubomir Hanak « L'énigme de la mort de Jan Masaryk » publié le 08 août 1968. En présentation de cet article, Le Monde donne des éléments biographiques de l'auteur, Lubomir Hanak :

« Il a été livré en 1940 par la police hongroise à la Gestapo, et qu'il est passé pendant la guerre par divers camps de concentration ; anticommuniste de toujours, il a refusé après sa libération par les Américains de rentrer en Tchécoslovaquie, mais a été forcé de le faire par les alliés. Arrêté dès son arrivée à Prague et libéré en 1947 seulement, il a fondé un groupe de résistance anticommuniste au lendemain du coup de Prague ; arrêté à nouveau en 1949 et condamné à cinq ans de travaux forcés, il réussit à s'évader et à gagner l'Occident. »

Le MONDE DIPLOMATIQUE   Juin 1965
Lubomir Hanak
A propos de l'irrédentisme en Allemagne occidentale

A la suite de la publication dans notre numéro de mars 1965 du reportage de Georges Penchenier sur l'« irrédentisme en Allemagne occidentale », nous avons reçu de M. Lubomir Hanak, président du Comité national tchèque à Paris, une lettre dont nous extrayons ci-dessous les principaux passages. L'auteur, après avoir été emprisonné pendant cinq ans, de 1940 à 1945, dans les geôles et camps de concentration nazis, fut de nouveau incarcéré par les communistes tchécoslovaques en 1948. Le Comité national tchèque, qu'il préside depuis deux ans, représente une des tendances de l'émigration tchécoslovaque.

Prague   octobre 2010

Le strafkommando

Après trois mois de bunker Pierre est affecté le 27 septembre 1944 au schartkommando II, terrassement, qui est aussi le Strafkommando, commando spécial « des punis » où se retrouvent, entre autres, tous ceux qui ont fait une tentative d'évasion. Ce kommando a la charge des pires besognes. C'est aussi, souvent de ce commando que sont extraits les déportés pendus publiquement au centre du camp « pour l'exemple. ». Dans ce commando les déportés portent l'insigne des évadés, le fluchtpunkt, un cercle rouge sur fond blanc servant de cible pour les fusils SS. Ils travaillent dehors toute la journée et l'hiver 44-45 fut particulièrement rigoureux dans cette région du Harz. Les hurlements, les insultes et les coups de matraques sont permanents. « Untermenschen » *sous-homme* « schweinehund » *pas d'équivalent en français : insulte ultime en rapport avec le porc et le chien.* Ces insultes accompagnées de violences sont vociférées par tous les gardiens SS du camp sans exception. L'horreur est totale ; l'abomination de voir partir un camarade pour l'exécution publique. Les cadavres des malheureux camarades blessés, épuisés achevés qui peuplent les espaces. Les fours crématoires qui fument nuits et jours et empestent l'air d'une odeur âcre insupportable.

Le 5 février 1945 arrivent à Dora des trains de déportés en provenance d'Auschwitz. Ce camp a été libéré par les soviétiques le 27 janvier 1945. A partir du 17 janvier les nazis évacuent Auschwitz et expédient les déportés dans d'autres camps. Les malheureux sont lancés à pied sur les routes ou transportés dans des wagons à charbon ouverts, sans toit ni bâche, recouverts de neige. La Pologne est glaciale en hiver. A leur arrivée à Dora, après environ quinze jours d'errance dans un hiver glacé, les wagons sont remplis de cadavres. Pierre Jacquin fait partie d'un groupe du strafkommando à qui il est ordonné de dresser d'immenses bûchers pour brûler tous les morts de ces trains en provenance d'Auschwitz. Les fours crématoires de Dora tournent à plein régime et ne peuvent pas « prendre en charge » ces trains entiers de cadavres. Les nazis ordonnent donc de dresser ces tragiques bûchers. Les déportés sous les coups des matraques et la menace des fusils et des chiens, doivent aller couper le bois dans la forêt voisine puis monter le bûcher en alternant une couche de bois une couche de cadavres. Celui qui n'obéit pas est immédiatement tué par balle.

Evacuation allemande

Avril 1945, Les armées britanniques et américaines s'approchent du centre de l'Allemagne et donc du camp de Dora. De janvier à mai 1945 les nazis procèdent à l'évacuation des camps pour tenter d'effacer les traces de leurs crimes dans un jusqu'au boutisme de pure folie. Durant quatre mois des centaines de trains et de convois pédestres de cadavres ambulants vont sillonner l'Allemagne en tous sens.

L'évacuation du camp de concentration de Dora est entreprise par les nazis les 4, 5 et 6 avril 1945 à pied ou en train de marchandise. Près de 20 000 détenus, destinés à Neuengamme, sont finalement répartis dans la région de Bergen-Belsen (nord de l'Allemagne) après des parcours en train incohérents faits d'arrêts fréquents et de départs en sens inverse. Pierre est dans un wagon à charbon ouvert sans toit ni bâche, et qui « pue ». Les mêmes wagons que ceux venus d'Auschwitz... Le train roule lentement s'arrête souvent. Les déportés ne savent pas où ils vont ni pourquoi ils sont déplacés. Pierre a la certitude, à ce moment-là, qu'ils sont emmenés pour être « zigouillés ». Maigres, malades, très affaiblis les déportés n'ont rien à manger ni à boire pendant six jours. Au bout de plusieurs jours le train entre en gare de Hambourg puis repart aussitôt en marche arrière pour stationner à l'écart de la gare. Là, Pierre pense que sa dernière heure est cette fois vraiment arrivée et qu'ils vont tous mourir sous les bombes de l'aviation alliée qui passe au-dessus de leur tête et bombarde la ville d'Hambourg, toute proche. Il a la forte impression que le train et les Allemands font n'importe quoi et qu'il va mourir très bientôt. Les déportés ne savent pas que les armées terrestres alliées sont toutes proches. Le lendemain, sans explication, le train repart vers le sud. La destination finale est le camp de Bergen-Belsen. Les déportés sont entassés dans des baraquements extérieurs, attenants au camp, le camp principal est en surpopulation totale et le typhus s'y répand.

Libération écossaise

Le 15 avril 1945 L'armée anglaise libère le camp de Bergen-Belsen. Un bataillon d'écossais s'occupe du groupe de déportés dont fait partie Pierre. Certains gradés écossais sont en kilt Cette originalité réveille l'attention de Pierre : la « vraie vie » n'est peut-être plus très loin. Les déportés sont regroupés par nationalité. Un gradé écossais s'adresse au groupe de déportés en français. Il les rassure :

« Nous allons nous occuper de vous, vous donner à manger et vous rapatrier dans votre pays. »

Des voitures de l'armée anglaise apportent des biens de première nécessité à Bergen Belsen et repartent à vide. Après quelques jours, les voitures repartent avec les déportés transportables à leur bord vers une base arrière. Là les déportés sont embarqués dans des avions anglais, pilotés par des femmes, qui les amènent à Bruxelles. Pierre ne se souvient plus comment il a relié Bruxelles à Paris. (Sans doute en avion). Il est dans un état physique très diminué, la mort rôde. Le retour en avion est choisi pour les déportés les plus atteints mais néanmoins transportables. L'arrivée à Paris s'est faite dans « *une grande prairie où beaucoup de gens attendaient* ». (Probablement Le Bourget) « *Chacun cherchait un déporté. Il y avait beaucoup de monde, c'était assez désorganisé. Beaucoup de personne demandait : je cherche untel l'avez-vous connu ? savez-vous quand il rentre ?* »

Le retour

Soudain Pierre aperçoit dans la foule monsieur Vaissier qui était venu dans l'espoir de le trouver. Cet homme était son correspondant lorsque Pierre était pensionnaire au Lycée Stanislas à Paris, il tient l'hôtel Le Petit Ritz 22 rue d'Amsterdam. Il prévient les parents de Pierre à Besançon du retour de leur fils. Ses parents n'avaient eu aucune preuve de vie depuis quinze mois. Quinze jours après sa libération la santé de Pierre est d'une extrême fragilité mais il tient vaguement debout. A Paris le comité d'accueil des déportés (Croix-Rouge ?) lui donne un billet de train pour Besançon et … rien...

Aucun accompagnement. Dans une solitude invraisemblable le 1 mai 1945 Pierre Jacquin, 24 ans, rejoint Besançon seul en train. Cadavre ambulant, personne ne lui parle durant ce voyage retour, le retour d'un absent. Les bons français, collabo ou non, ne sont pas prêts à la compassion à l'égard de ces fantômes de l'horreur qui effraient les « braves gens ». Certains voyageurs prennent un air dégouté et s'éloignent de cette ombre décharnée. Paris est libéré depuis huit mois, la vie a repris, la page se tourne. Les Français pensent à l'avenir et n'ont aucune attention ni écoute pour ces spectres de la barbarie.

Seuls ses parents l'attendent à Besançon. Depuis plusieurs semaines son père venait tous les jours à la gare, au cas où ... A la descente du train Pierre aperçoit son père qui ne le reconnaît pas. Il s'approche et soudain le père prend le fils dans ses bras en pleurant abondamment.

Ses parents veulent le nourrir abondamment, le décalage est immense... Il n'est pas en état pour honorer ces repas. Pierre n'arrive pas à dormir dans un lit et dort ses premières nuits bisontines par terre, à même le sol. Son jeune frère Claude le lave à plusieurs reprises avec une brosse en chiendent car sa peau est sale et grise. Son visage est verdâtre, couvert de boutons, sa maigreur est extrême. Il n'exprime qu'un souhait : revoir Jacqueline, son amie.

Son amie de cœur Jacqueline Boyer n'est pas à Besançon. Elle est encore en Allemagne, infirmière dans l'armée de libération, elle s'est engagée à la Croix-Rouge et a rejoint l'armée débarquée en Provence en août 1944. L'équipe médicale à laquelle appartient Jacqueline, accompagne les militaires jusqu'en Allemagne. Plusieurs médecins viennent d'Afrique du Nord, Jacqueline les trouve autoritaires. Un autre médecin, bisontin, est plus proche et coopère d'égal à égal avec les infirmières, il sera dans les années 70 le fondateur du premier SAMU de France. Les deux infirmières avec lesquelles Jacqueline travaille le plus souvent, sont une canadienne du Québec et une française de religion juive qui partira en Israël après la guerre. Toutes les trois ont tissé de forts liens d'amitié et s'étaient promis de se retrouver après la guerre. Cela ne s'est pas fait, regrette Jacqueline. Chacune concentrera son énergie à reconstruire sa vie, au Canada en Israël et en France. Jacqueline et ses collègues travaillent dans un hôpital de campagne qui suit les premiers combats. Ses souvenirs les plus précis concernent des soldats ayants perdu leurs yeux. Elle n'oublie pas leurs souffrances, et leurs suppliques pour retrouver la vue et calmer leur douleur. Elle garde le souvenir douloureux de son impuissance face à leurs globes oculaires béants et ensanglantés. Elle les soulage grâce à des injections mais n'arrive pas à leur dire qu'ils ne verront plus. Avec ses collègues, elle travaille souvent de nuit à la lueur d'une bougie. Il lui est arrivé de faire des piqûres à des morts : elle n'avait pas assez de lumière pour distinguer la vie. Le 8 mai 1945 Jacqueline Boyer, 23 ans, est à Karlsruhe.

  Jacqueline 23 ans et Pierre 24 ans se retrouvent fin mai 1945 à Besançon. Pour la jeune femme le choc des retrouvailles est brutal. De 1939 à 1943 elle était amoureuse d'un jeune intellectuel, sportif, fringant et frimant au volant de la voiture paternelle… Elle retrouve en 1945 un fantôme, une « ombre » fragile verdâtre et boutonneuse au regard vide. Elle hésite vraiment …La Croix Rouge lui propose de partir en Indochine… Elle va réfléchir pendant plusieurs jours… La guerre a ravagé leur jeunesse et leur amour né à 17 et 18 ans en 1939. Sa petite voix intérieure lui dit de partir, qu'il est trop tard. Il ne pourra plus rien se passer avec celui qu'elle a aimé avant guerre, celui-là n'est plus. « *Il a vraiment besoin de toi* » lui répète son entourage. Le soir, elle pense à lui et comprend qu'il l'appelle, sans rien dire il l'appelle. Elle n'arrive pas à l'abandonner. Elle sent, elle sait qu'il faut l'aider à survivre, à vivre.

  Finalement, au mois d'août 1945, Pierre et Jacqueline vont aller ensemble se reposer au bord du lac de Malbuisson près de Pontarlier. La ville de Besançon aide aux repos des déportés récemment rentrés de l'horreur. Il y en a beaucoup à Besançon. Au bord du lac, dans cette jolie campagne franc-comtoise du mois d'août, ils vont tous les deux apprivoiser lentement à nouveau la vie.

Ils se marient en tout petit comité le 18 novembre 1945. Pierre reprend ses études de mathématiques à la faculté des sciences de Besançon en 1946. La même année Jacqueline donne naissance à leur premier enfant. Début 1948, Pierre est embauché comme ingénieur hydraulicien à EDF, fonction qu'il gardera durant toute sa vie professionnelle.

Pierre et Jacqueline ont vécu soixante-dix ans ensemble, ont eu cinq enfants, douze petits enfants et ont connu dix de leurs arrière-petits-enfants. Apparemment une belle vie bien remplie mais le traumatisme de la déportation de mon père a laissé des traces.

Jusqu'au dernier souffle
En 2015, à quatre-vingt-quinze ans, Pierre atteint de la maladie d'Alzheimer, n'a plus aucun souvenir hormis ceux de la torture et de la déportation. Ces souffrances du passé l'ont tourmenté jusqu'à son dernier souffle. Sur son lit d'hôpital, il nous rappelle en allemand son numéro de matricule.

En 2016, durant ses derniers mois, il évoque également souvent Goethe et Schiller, le poète rebelle, qu'il a étudié avec plaisir dans sa jeunesse. Il nous récite en allemand la loreleï d'Heinrich Heine poème où se mêlent la beauté et la mort... Malgré sa maladie, Pierre, 95 ans, s'interroge encore. *« Comment une culture aussi belle a-t-elle pu engendrer une horreur aussi effroyable ? »*

Pour l'avenir, la vigilance doit être de chaque instant

Puisse le souvenir de mon père nous éclairer doucement.

contact : catherine.bacos@gmail.com

POUR ALLER PLUS LOIN

L'AIGLE SUR DORDOGNE de Jean-Louis Salat
QUOTA éditeur 1987

L'AIGLE UN BARRAGE DANS LA RESISTANCE. Vidéo de Bernard David Cavaz
- EDF – Direction de la communication septembre 1998

Usine hydroélectrique de La Bâthie proche d'Albertville
EDF-FichesDepliant-Roselend-20110414.indd

HISTOIRE DU CAMP DE DORA   de   André Sellier
Editions la découverte 1998

DICTIONNAIRE DES 9000 DEPORTES français passés par le camp de
MITTELBAU-DORA   Editions du Cherche-Midi 2020

A PROPOS D'UNE DEPORTATION : POUR LA MEMOIRE …de Pierre Jacquin
1995

HELENE de Jacqueline Boyer   2000

Service Historique Défense www.servicehistorique.sga.défense.gouv.fr
SHD VINCENNES : dossiers gr 16 P 304549 et gr 16 P 304558
SHD CAEN : dossier AC 21 P 57 52 84

AROLSEN ARCHIVES https://arolsen-archives.org/fr
International center on Nazi Persecution. Bad Arolsen Allemagne.

LA COUPOLE musée seconde guerre mondiale Pas-de-Calais
   https://www.lacoupole-france.com/centre-dhistoire/historique/dora.html

FNDIRP Fédération Nationale des Déportés et Internés Résistants et
Patriotes www.fndirp.fr/

FMD Fondation pour la Mémoire de la Déportation
https://fondationmemoiredeportation.com/
Commision Dora Ellrich et commandos
www.dora-ellrich.fr

Quelques écrits à propos des enfants de survivants

LE TRAUMATISME EN HERITAGE de Helen EPSTEIN
1979 – 2005- Folio essais réédition 2012

DES DEMONS SUR LES EPAULES de Elizabeth ROSNER roman
Editions Mercure de France 2001

VOYAGE DE L'ENFANCE de Jean-claude SNYDERS récit
PUF Presses Universitaires de France 2003

ENFANTS DE SURVIVANTS de Nathalie ZAJDE
Editions Odile Jacob 2005

LA PLUS BELLE de Béatrice BANTMAN roman
Editions Denoël 2007

LES DISPARUS de Daniel MENDELSOHN
Editions Flammarion 2007

DEPORTATIONS EN HERITAGE
Actes de la journée d'études et de recherches
Universités de Lille et Paris Sorbonne
sous la direction De Daniel BEAUNE éditions L'Harmattan 2015

SURVIVRE A LA SURVIE article de Véronica ESTAY-STANGE
Revue ESPRIT octobre 2017

FAIRE FAMILLE APRES LA VIOLENCE
Revue MEMOIRES du centre Primo Lévi n°74 mars 2019

VENIR APRES – nos parents ont été déportés -
de Danièle LAUFER recueil de témoignages
Editions du faubourg mars 2021